像解放军一样带队伍

华　风⊙著

中国城市出版社
·北京·

图书在版编目（CIP）数据

像解放军一样带队伍 / 华风著. —北京：中国城市出版社，2012.7
ISBN 978-7-5074-2629-8

Ⅰ. ①像… Ⅱ. ①华… Ⅲ. ①企业管理-通俗读物 Ⅳ. ①F270-49

中国版本图书馆CIP数据核字（2012）第155754号

责 任 编 辑　徐昌强
装 帧 设 计　同人阁图书（北京）有限公司
责任技术编辑　张建军
出 版 发 行　中国城市出版社
地　　　址　北京市西城区广安门南街甲 30 号（邮编　100053）
网　　　址　www.citypress.cn
发行部电话　（010）63454857　63289949
发行部传真　（010）63421417　63400635
总编室电话　（010）68171928
总编室信箱　citypress@sina.com
经　　　销　新华书店
印　　　刷　北京集惠印刷有限责任公司
字　　　数　200 千字　　印张 15
开　　　本　710×1000（毫米）　1/16
版　　　次　2012 年 9 月第 1 版
印　　　次　2012 年 9 月第 1 次印刷
定　　　价　28.00 元

CONTENTS

目录

第一章　威信是带好队伍的基础

评判一个人领导能力的标准，不是他能做多少工作，而是他能让下属发挥多少能力。所谓“领导”，最主要的工作就是“引领和指导”。

第二章　打造强有力团队建设

“一只绵羊带领的一群狮子，敌不过一头狮子带领的一群绵羊”。一个企业团队能取得多大的成就，关键在于这个团队的领导者会不会“带兵”。

第三章　执行力从基层抓起

金字塔的宏伟壮观，是因为其庞大而坚实的底座。一个企业的真正生命力就在于最基层的员工。基层建设抓得牢，企业团队才会具有强大的战斗力在市场上搏杀。

第四章　带兵先要练兵

“台上三分钟，台下十年功”。丰富的工作经验，不是一天两天可以练就，领导者们要有足够的耐心来等待员工的成长，更要有足够长远的眼光来看待培训工作。

第五章　干部就是决定因素

如果把一个企业比作一个人，高层管理者就是大脑，普通员工就是四肢，大脑的指令要变成四肢的行动，需要神经系统的传递，中层干部就是一个企业的神经系统。

第六章　带队伍要讲究领导方法

做事情有两种效果，“事倍功半”和“事半功倍”。在领导工作中，不讲方法，不找诀窍，一味蛮干者，必定事倍而功半；找到合适的工作方法，则事半而功倍。

第一章
威信是带好队伍的基础

评判一个人领导能力的标准，不是他能做多少工作，而是他能让下属发挥多少能力。所谓“领导”，最主要的工作就是“引领和指导”。

一、打铁还须自身硬

1975年，总参内部放映了译制片《巴顿将军》。一些老将军看过后，不以为然：这有什么稀奇，我们的钟伟比巴顿厉害多了！

钟伟是当时东北军区最具战斗力的一个军的军长。这个军战斗经验丰富，攻防兼备，以猛打、猛冲、猛追“三猛”著称，善于运动野战，攻击力极为锐利，为东北部队中之头等主力部队。

■ 做领导最怕什么

做领导最怕什么？最怕被下属看不起。如果被自己的员工看不起，那么企业家还谈什么影响力、领导力？队伍还谈什么执行力、战斗力？解放军的各级将领正是能够打仗、能够打胜仗，才赢得了士兵的信服、尊重甚至崇拜，才使其乐于听从指挥。所以，企业家要带出一支过硬的队伍，首先要精通自己的本职工作，做一个内行的领导。

1939年5月，毛泽东同志在延安在职干部教育动员大会上说：“我们队伍里边有一种恐慌，不是经济恐慌，也不是政治恐慌，而是本领恐慌。过去学的本领只有一点点，今天用一些，明天用一些，渐渐告罄了。好像一个铺子，本来东西就不多，一卖就完，空空如也，再开下去就不成了，再开就一定要进货。……学习是我们注重的工作，特别是干部同志，学习的需要更加迫切，如果不学习，就不能领导工作，不能改善工作与建设大党……”毛泽东的这段话的目的，就是鼓励干部要做一个内行的领导。

对于张瑞敏以及海尔的成功，很多人不以为然，认为那是张瑞敏运气好，甚至认为假如国家把一个烂厂交给自己，也同样会成功。果真是这样吗？

要知道，张瑞敏不仅是管理上的行家里手，甚至可以说是一个伟大的思想家。正是由于张瑞敏在传统文化上的诚信精神，以及在回归自然的思想与现代的管理制度之间找到了良好的结合点，提出了“斜坡球”理论、“赛马不相马”的人资观念、“围墙之内无名牌”的名牌观念，使得张瑞敏不但是海尔的行政领袖，更是海尔的精神领袖，几乎海尔的所有成员的行动都是围绕着张瑞敏的一言一行来进行的。许多职工毫不掩饰地说：“在海尔集团干，就是因为有个张瑞敏。”

有人说，国家竞争的实质是经济竞争，经济竞争的实质是企业竞争，而企业竞争的实质则是企业家的竞争。还有人说，企业是一个国家的细胞，而企业家则是细胞的核心——细胞核。

打铁还须本身硬，企业有了坚强的核心——企业家，也就有了主心骨，比如联想有了柳传志、海尔有了张瑞敏、五粮液有了王国春等等。这些企业家凭借自身高尚的人格、坚强的意志、宏大的气魄、高超的战略，能够高效地整合和影响周围的员工，员工就会产生出行动的动力和压力。如此才能形成一股合力，企业才会成为一个响当当的企业。

■ 领导素质要过硬

“兵熊熊一个，将熊熊一窝”。企业家管理职工队伍，与解放军将领带兵是一个道理。只有自己是优秀的，才能带出一支优秀的队伍。无数国内国外的案例表明，企业家与企业往往是密不可分的，甚至连企业家个人身上的某种性格，也会带给他所领导的企业并在企业的运营中打上深深的烙印。

美国零售大王沃尔顿，正是用他那阿肯色州农民般的质朴及节俭，创下了沃尔玛薄利多销的理念和仓储式的经营方式；松下幸之助性格上的忍耐与信念上的执著，也使得松下帝国有着今天的繁荣；倪润峰尖锐、果敢与霸气的性格，促成了“长虹”当年的率先降价的壮举；当然，也正是因为史玉柱性格上的孤注一掷，才会有巨人集团的轰然倒塌……

哲学家苏格拉底说：“谁想转动世界，必须首先转动他自己。”作为一个企业家，只有先加强自身的素质建设，才能建设好职工队伍——打铁还须自身硬嘛！

《中华人民共和国现役军官法》对军官必须具备的基本条件做了如下规定：

（一）忠于祖国，忠于中国共产党，有坚定的革命理想、信念，全心全意为人民服务，自觉献身国防事业。

（二）遵守宪法和法律、法规，执行国家的方针、政策和军队的规章、制度，服从命令，听从指挥。

（三）具有胜任本职工作所必需的理论、政策水平，现代军事、科学文化、专业知识，组织、指挥能力，经过院校培训并取得相应学历，身体健康。

（四）爱护士兵，以身作则，公道正派，廉洁奉公，艰苦奋斗，不怕牺牲。

这四条中的第三条是要求干部军事过硬，其他三条则是要求干部要政治合格。政治合格与军事过硬，就是对解放军的干部的综合要求：政治不合格就不能保持党对军队绝对的领导，不能保持人民军队的性质；军事不过硬，不但不能让士兵信服，而且不能够保证打胜仗。

打铁还须自身硬，企业家必须提高自身的素质，以自身的言行、力量去影响、感染、带动职工。那么企业家怎样才算身身硬呢？将解放军对军官的要求灵活地引用过来的话，那就是德才兼备。具体来说，要做到两点：一是会做人，人品高，严于律己；二是会做事，精通业务，是一个内行的领导。

1949年10月的一天，总务科长给彭德怀送来一件雪白、硬领的高级衬衫。彭老总笑着说："我又不是公子哥儿，穿这干什么？赶快退回去。"总务科长劝道："如今进了大城市，不同于在山沟里打仗。再说，您现在是西北军政委员会主席，穿戴上要像个主席的样子。"听总务科长讲出这番"道理"，彭老总沉下脸生气地说："我彭德怀只有一个样子，就是共产党员的样子，别的啥样子都不要！"总务科长见彭老总真的发火了，只好把衬衫退掉，另换了一件当年在延安时常穿的那种白粗布衬衣。彭老总抖了抖衣领，欣喜地说："还是穿上这件舒服！"

虽然是功勋卓著的开国元勋，但彭老总一生耿介，廉洁奉公，在军队、人民的心中留下了一座丰碑。

朱镕基曾经多次告诉各级官员：吏不畏我严，而畏我廉；民不服我能，而服我公；公则明，廉则威。企业家也是一样，要想在职工中树立起威信，就得在自己的品德修养和人格提高上下工夫。

"穿着发皱的衬衣，身上可能还有墨迹，一大清早就在深南大道上锻炼，不认识他的人绝对不会想到这位就是大名鼎鼎的华为总裁"。这是一位普通员工眼中的任正非。

任正非曾这样说："美国媒体说我们富得流油，还说我有多少钱，你们看我像有钱人吗？你们最了解，我常常被人误认为是老工人的。我原来是买的10万元的处理的车，后来许多领导叫我还是买一辆好一些的车，万一车祸能抗一下。"他还说："我同你们在座的人一样，一旦华为破产，我们都一无所有。"

"严于律己"不仅是军队建设的法宝，在企业带兵方面同样也能起到重要的作用。一个坚持原则、严于律己的领导者，肯定会把自己的团队带得井井有条，人安于事，就像"朴素"的任正非影响着他的员工一样。

二、要有强烈的责任感

在《湘江评论》的发刊词中，毛泽东写道："天下者，我们的天下；国家者，我们的国家；社会者，我们的社会；我们不说，谁说？我们不干，谁干？"话语掷地有声，代表着毛泽东青年时代就对国家有着义不容辞的责任感，这样的认识也贯穿了毛泽东的一生。

■ 责任决定事业

中国有句古话：天下兴亡，匹夫有责。这句话讲的就是每个人都应该对国家和社会有一种责任感。解放军就是在毛泽东思想旗帜的指引下，以拯救民族、解放劳苦大众作为己任，因而才有了无穷的精神力量，才有了强大的战斗力。

杨根思是中国人民志愿军的特级战斗英雄。1950年11月，时任志愿军某部连长的杨根思，奉命带一个排扼守阵地，负责切断美军逃跑的退路。美军则在狂轰滥炸的炮火支援下发起猛烈进攻。杨根思以解放军“人在阵地在”的责任感，率领全排顽强抗击，接连击退美军的8次进攻。当最后阵地上只剩下他和两名伤员时，他抱起仅有的一包炸药，点燃导火索，纵身冲向敌群，与美军同归于尽，英勇捐躯。

战士的责任感就是敢于战斗、不怕牺牲，而员工的责任感就是在实际工作中精益求精、一丝不苟，就是讲奉献不讲条件、找办法不找借口，就是在尽职尽责地做好分内工作的同时，还能够主动帮助同事、乐于接受分外的工作任务。

有一种人，头脑聪明也很能干，但却工作业绩平平；还有一种人，虽无过人之处，但做事却目标明确、坚毅果断、敢作敢当，所以事业有成。“不患无策，只怕无心”。一个人的学识、能力固然很重要，但缺乏责任意识，心思和精力不是用在工作上，是不可能把工作干好的。这两种人的差别就在于有无工作的责任感。

责任有多大，事业才有多大。无论在哪个岗位上，都要牢记自己的责任，认识到自己所处位置的重要性。这就是员工的责任感，它能唤起企业员工的工作热情和团队精神，以期达到企业的既定目标。当一个员工在心中形成了责任感时，他就能自觉地意识到自己所担负的责任。有了自觉的责任意识之后，才会产生积极、圆满的工作效果，整个员工队伍才是一支优秀的团队。

■ 领导者要有责任感

一个带兵的人，不管是部队的指挥官还是企业的管理者，要带出一支高效能的团队，必须要让整个团队具有责任感。企业家要求下属工作认真负责、一丝不苟的时候，自己更得具有强烈的责任感，这样才能一级抓一级，将整个团队的责任感层层落实到位，将各项工作真正落到实处，也才能让企业的每个职员都具有责任心。

娃哈哈老总宗庆后是一位有着极强社会责任感的企业家。他的经营哲学是：凝聚小家，发展大家，报效国家。他胸怀一颗报国心，勇于承担社会责任，以高度的社会责任感和强烈的爱国热情，无私地回报着社会。娃哈哈做瓜子带动发展了内蒙古等地的瓜子种植业；娃哈哈做牛奶，让天津等地的奶牛养殖户受益；娃哈哈生产饮料，还带动了各地运输、纸箱、电力等配套产业的发展。

作为中国饮料业老大的娃哈哈，在乐百氏易帜、健力宝变卖、旭日升倒闭的情况下，宗庆后并没有觉得轻松，相反感觉肩头的担子更重了，因为“要为中国民族工业争一口气”的责任感，使得他要与可口可乐等世界著名食品饮料集团较量较量。

力帆老总尹明善最看重的也是责任感，他说，在一定意义上，财富的积累就是责任的积累。当我挣1亿元的时候，我觉得欠别人的实在太多了，我自己哪有能力挣1亿元？是社会帮了我，政府帮了我，工程技术人员帮了我，员工帮了我。我要还员工的钱，把员工的饭碗保住，还要给他们增加收入；我要还政府的钱，依法自觉纳税，保证税收年年增加；我要还社会的钱，尽可能多地参与公益事业。

不仅如此，尹明善还认为，企业家除依法纳税、遵守劳动法等法律责任之外，还有更高层次的道德责任。

■ 承认错误，承担责任

责任感还意味着对事业的专注和忠诚，无论何时何事，都不要将责任推卸给下属，要勇于承担责任，承认你的错误。如果你做到了这一点，你的下属员工就会信任你，并时时刻刻追随着你。

解放军将领在战斗失利的时候，总是自己首先出来承担责任，认真检讨自己。在朝鲜战场，第五次战役结束后，彭德怀对这次战役造成的损失屡次公开进行自我批评，主动承担责任。其他各级将领也纷纷主动承担责任，主动请求处分。

三兵团副司令员王近山在总结的时候说："爱面子的虚荣心，想打好出国第一仗，想一鸣惊人……把国内战争的老办法机械地搬到朝鲜战场上来，特别强调以强大的突击力量投入战斗，事实成了蜂拥而上的人海战术，造成干部和部队惊人的伤亡。这些血的教训是痛苦的教训，应该很好地深刻总结，得出结论，教育自己及全体干部。"

解放军将领主动承担责任的勇气，不仅没有降低他们在战士中的威信，反而赢得了战士的尊重与拥护；部队的战斗力不仅没有减弱，反而加强了。

英特尔公司的CEO格罗夫曾经说："我们所有处于管理岗位上的人，无论是男女老少，都担心一旦犯错误，就会毁掉自己千辛万苦赢得的尊敬。但事实上，承认错误是力量、成熟和正直的标志。"

20世纪90年代，三星集团就受困于"大企业大制造"的错误思想。明明国内汽车产业产能过剩，但李健熙仍然在汽车业务上投资了数亿美元。他建立的三星汽车公司很快就债台高筑，2000年被迫低价出售给雷诺汽车公司。

此举严重拖累了集团，李健熙也被投资者批评为一个“失败的管理者”。这个时候，李健熙勇敢地承担起了责任，他一次性地捐献出了20亿韩元的个人财产，承担几乎全部投资汽车领域失败的责任。三星集团发布这个公告后，投资者都惊呆了，原来要等待裁员的员工们眼中闪烁着泪花，《财富》杂志则称赞李健熙是“为错误的投资决策承担责任的CEO”。

责任重于泰山，责任感反映了企业家的工作态度和精神境界。强烈的责任感不仅是企业家立足于社会、获得事业成功的必要条件，也是能带出一支高素质员工队伍的必备条件。如果企业家不具备责任感，那么手下的员工肯定也没有责任感；而没有责任感的队伍，不过是一群乌合之众。

三、带兵要“严”字当头

俗话说“慈不掌兵，义不障财”，一个团队的管理者带兵的时候，就应该坚持“严”字当头，严格管理、严肃处理，将队伍管住、管严、管好，这样才能培养出一支作风优良、纪律严明的队伍。

■ 纪律严明则政令畅通

中国人民解放军从诞生之日起，就以铁的纪律而闻名于世。早在井冈山时期，毛泽东同志就亲自制定和颁发了《三大纪律八项注意》等一系列红军纪律，这是红军官兵必须要遵守的铁的纪律。在八路军训令中，朱德总司令也把严肃法规纪律，确保军令政令畅通，作为很重要的治军原则。

唯有纪律才能创造优秀的团队，解放军能够在那样艰难的环境下生存并壮大，靠的就是严明的纪律，而他们严明的纪律则来自于从严治军。这使得解放军具有了坚强的战斗力和战胜任何对手的信心，这也是解放军让所有的对手都望而却步的一个“秘密武器”！

《左传》记载：公元前515年，孙武带着自己撰写的兵法13篇去见吴王阖闾。吴王将兵法看完之后，却给孙武出了个难题，让他将180名宫女训练成军队。

于是，孙武把180名宫女分为左右两队，让吴王最为宠爱的两位美姬为左右队长，让两人带领宫女进行操练。但这些女人将操练视为游戏，笑作一堆，乱作一团，两个当队长的宠姬更是笑弯了腰。

孙武严厉地说道：“这里是演武场，不是王宫。你们现在是军人，不是宫女。我的口令就是军令，不是玩笑。你们不按口令操练，两个队长带头不听指挥，这就是公然违反军法，理当斩首！”说完，便叫武士将两个宠姬杀了。

当吴王亲自出面求情的时候，孙武说：“令行禁止，赏罚分明，这是兵家的常法，为将治军的通则。对士卒一定要威严，只有这样，他们才会听从号令，打仗才能克敌制胜。”

果然，剩下的那些宫女们吓得谁也不敢出声，当孙武再次操练的时候，她们认认真真，步调整齐，逐渐变成了训练有素的军人。

解放军和孙武的成功给了企业家们一个启示：只有强化纪律意识，严格按照规章制度来管理、规范员工的行动，才能建立正规工作和生活秩序，才能带出有纪律、有秩序、有团结、有战斗力的过硬团队。

■ 坚决按规定办

令严方可以肃兵威，命重始足于整纲纪。从严治军是一个永恒的话题，“严”字能够使团队的每一个成员、每一个部门都能在目标统一、意志统一、行动统一的前提下，凝结成钢铁般的整体，进而形成强大的战斗力。从“冻死不拆屋、饿死不掳掠”的岳家军，到“不拿群众一针一线”的人民解放军，古今中外一切有战斗力的军队，无一不是从严治军；一切战绩卓著的带兵人，无不把强化令行禁止的纪律观念作为治军的第一要旨。

在联想电脑公司，做任何工作，都要遵循三个准则：

第一条：如果有规定，坚决按规定办。

第二条：如果规定有不合理处，先按规定办并及时提出修改意见。

第三条：如果没有规定，在请示的同时按照联想文化的价值标准制定或建议制定相应的规定。

为什么将“如果有规定，坚决按规定办”这个准则排在第一位，这就是体现了联想从严治军的带兵原则。其目的就是，员工在公司做事情，必须要严格执行规定，不能因为觉得规定不合理就可以蔑视它，进行变通处理。因为，遵守哪怕是不合理的规定也比员工随心所欲、为所欲为重要得多。

与联想相似的是中国北方规模最大、销售额最高的消费品流通企业——物美商业集团，董事长张文中这样说：“我可以明确地说，纪律就是物美文化的核心内容。没有纪律的物美文化不可能指导物美的各项实践有序地取得成功。在物美做事就要认同物美的规则，对已经形成的纪律不含糊，成为一名有纪律的员工。有纪律的员工是把纪律变成习惯，做任何事情都会按照规则去进行。”

如果把企业比作躯体，那么干部就是骨骼和经络，员工则是血液和肌肉。一个企业要实现持续发展、稳定发展、和谐发展，建立常青基业，就必须“严”字当头，严格管理团队，保持骨骼坚强有力，保持经络畅通无阻，充分发挥疏通作用和支撑作用，良性推动企业向前发展。

■ 领导者不是和事老

在第二次世界大战璀璨的百战将星之中，巴顿可谓是执纪最为严格的将军。在他统兵打仗的“字典”里，“纪律”一词备受推崇，他说：“纪律是保持部队战斗力的重要因素，也是士兵们发挥最大战斗潜力的关键。它甚至比战斗的激烈程度和死亡的可怕性质还要强烈。”巴顿常常告诫部下说：“假如你不执行和维护纪律，你就是潜在的杀人犯。”

列宁说：“战争就是战争，它要求铁的纪律。”商战也是战争，也需要铁的纪律，而从严治军的最终目的就是加强纪律建设，培养团队成员的组织纪律性。只有通过严格的管理，才能培养出团队令行禁止、严守纪律的战斗作风。反之，松懈的管理会导致纪律松弛、作风松散、战斗力下降。不少亏损的企业失败的原因就在于管理者不敢管，管理不严，致使各个方面漏洞百出，企业迅速衰败。

“严管出人才，严管出效益”，这是古井集团董事长兼总裁王效金的带“兵”的著名论断。有人问他“你就不怕得罪人”？王效金对此的回答是：“要做好管理者，就不能当和事佬——因为重任在肩，事业在前，些许的个人得失必须放弃。倘若管理者放松要求，对待任何事端都宽大处理，那么最后会功败垂成，连带多数职工也受害不浅。宽是害，严是爱。一个不能从严带兵的管理者肯定不称职。”

通过王效金多年的摸索，古井逐渐形成了“三理念”的管理思路。一是从严管理，也就是在各项规章制度的制订上，要体现高要求、高标准、高平衡的原则；二是管理到位，就是把各项管理措施落实到位，责任到人；三是实行目标责任分解，一级抓一级，一级对一级负责。这三种理念环环相扣，保证了“严”字在管理上落到了实处。

古往今来，无论是治吏、带兵、收徒弟、教学生，要想有所作为，都离不开一个严字。“军法如山”、“善不带兵”、“严师出高徒”讲的都是这个道理。管理者应该明白“严是爱、松是害”这样简单的道理，严字当头、严格要求、从严治军，才能带出有纪律、有秩序、有团结、有战斗力的过硬团队。

四、爱兵才能带好兵

解放军自建军以来一直就是纪律严明的威武之师，但严格甚至严厉的管理并不是说解放军队伍缺乏爱，恰恰相反，解放军军官对士兵的爱是浓郁而且真诚的。正如罗荣桓元帅说的那样：“带兵就是爱兵，政治上爱，生活上爱，真心的爱。”

这句话一语道出了我军带兵优良传统的精髓。解放军军官不仅仅是干部，还是战士的朋友、老师、亲人和服务员；不但要求战士严格训练、保质保量地完成任务，还关心战士的身体、关心战士的思想、关心战士的家人……以父母心、兄长情管理、教育战士。

■ 永不过时的真理

带兵首先要爱兵，不管什么管理理论流行来流行去，爱护员工这个管理的基本原理永远不会过时。

“红军之父”朱德爱护战士是有名的。在多年的行军作战中，每到一个新的宿营地，朱德总是关心野外警戒的同志吃得饱不饱，穿得暖不暖，有没有热水洗脚，有时，还帮炊事员支炉灶安排大伙儿的生活。

其实，在解放军中，关心士兵、爱护士兵的事例多如牛毛，不胜枚举。比如皮定均将军，他爱骂人，官越大骂得越狠，但从来不骂士兵。有一次皮定均视察部队，看见一位哨兵的军大衣少了一颗纽扣，马上命令营长跑步取来针线，为哨兵钉上纽扣。这是将军对营长没有爱护好士兵的惩罚！

中华民族有着“报恩”的传统美德，“受人之恩，终身必报”，“滴水之恩，涌泉相报”。企业家关心爱护员工，员工肯定会给予足够的感激和报答的。企业家越是关心、爱护员工，员工们就会更加拼命地为企业效力。日本的企业家就善于利用这一传统心理，他们爱员工，对员工“终身负责”，因此，员工也爱企业，忠于企业。

“严是带兵之道，情是带兵之本”，带兵需要真情，这样的管理才有更多的人情味与更大的凝聚力。所谓真情，就是发自内心地对员工关爱，而不是虚情假意地爱，更不是功利性的假仁假义。

一家公司的老板在爱员工方面的确付出了不少。比如：给每个员工修建了单人宿舍、修建了豪华娱乐城、员工生日的时候送蛋糕与礼品、医药费全部实报实销、每年有一定的带薪休假等等。但付出了这么多的老板，却抱怨没有得到应得的回报。为什么会这样呢？原因就是老板“爱”员工爱得太功利了，仅仅是形式上的关心，却没有付出真心，是掺了水分的爱，员工当然不买账了。

怎样才能真正爱员工呢？还是解放军给企业家做了榜样。解放军对官兵关系有着这样的六条要求：

（一）严格管理，耐心说服，关心士兵的成长和进步。

（二）了解士兵的情况，妥善解决与士兵的矛盾。

（三）尊重士兵的民主权利，不压制民主，不打击报复，不打骂、体罚和侮辱士兵。

（四）不收受士兵的钱物，不侵占士兵的利益。

（五）以身作则，公道正派，对待士兵一视同仁。

（六）关心士兵生活、安全和健康，照顾伤病员，热情接待来队的士兵亲属。

■ 爱兵才能用兵

爱兵是解放军的一个悠久的传统，在解放军80年的发展历史中，军官对士兵无微不至的关心和爱护，深入到了士兵生活中的每一个细节。

比如解放军首长去部队视察时，食堂是必去之地，关心战士吃得好不好；比如连长每天晚上的查铺，其重要内容就是为熟睡的士兵掖被角、添炉火；再比如对新兵的隆重接待、干部经常主动与士兵谈话等等，这些无微不至的关心和爱护，使得解放军队伍具有了高度凝聚力。

曾任中央军委副主席的刘华清说：“人民把子弟交给了我们，我们的责任就是帮助他们，提高他们，爱护他们……干部只有爱兵，才有资格带兵，才能把兵带好。作为一名老兵，我有责任对基层干部进行传帮带，把我军的尊干爱兵的光荣传统传下去。”

爱兵才能用兵。信任、尊重、爱护员工，这是每一个企业领导者义不容辞的责任。美国著名的管理学家托马斯·彼得斯曾大声疾呼：你怎么能一边歧视和贬低员工，一边又期待他们去关心质量和不断提高产品品质呢！

1997年7月，佳木斯联合收割机厂与美国约翰迪尔公司合资。美方一位女工程人员在酸洗车间看到车间周围的树因为受腐蚀已经枯死，而工人只是戴着简易的口罩进行有毒作业，于是就要求将工人的口罩改为防毒面具。中方管理人员由于对酸腐蚀认识不足，就随口应付她说，你们美国才有那玩意儿，中国没有。让人尴尬的是，这位女士却说，美国总厂使用的防毒面具正是中国某家企业生产的，而且她还马上命人购买了防毒面具，替换了口罩。这种对员工的真心关爱，使这个长年亏损的企业在第二年就盈利3000多万元。

■出差要像在家一样

一位普通的职员说过一句代表着员工普遍意见的话，“领导把我当成牛，我就把自己当成人；领导把我当成人，我就把自己当成牛”。对此，张瑞敏的方法是：要让员工心里有公司，公司就必须时时惦记着员工；要让员工爱公司，公司首先要爱员工。

阿姆斯北公司是美国一家在全世界拥有15个分支机构的国际公司之一，从几个人的作坊到跨国集团，在近百年的历程中，阿姆斯北始终坚持着人性化的管理风格：公司餐厅没有专人管理钱物，撤销了上下班计时用的打卡钟，不设专门检查的品质监管人员，主管与员工拿同样的生产奖金等等。

一般公司对于员工出差，总是尽量减少开支，比如搭乘飞机的经济舱。而阿姆斯北公司不成文的规定是，“出门在外时，生活方式要像在家一样”。这个原则适用于所有方面。如果员工平常乘坐高级轿车，出差不妨租一辆高级车来开；如果你习惯晚上喝点儿饮料，公司也会报销这笔开支。

对旁人惊讶的质询，大卫·阿姆斯北总裁是这样说的：“你对员工的态度不是信任就是不信任，如果你要信任他们，就不必将收银机上锁，不需要打卡钟和大批管理员。如果你不信任他们，干脆把他们开除。”

阿姆斯北的管理风格说明白一点儿，就是尊重员工、爱护员工。事实证明，在阿姆斯北很少有人迟到，而生产报废率仅有0.2%。餐厅的钱物也不会出现差错。而且，员工会主动在公司的门前种上花，会放弃与家人团聚的机会义务修理生产线，即使在圣诞节也会毫无怨言地连续加班。员工以实际行动来回报公司对自己的尊重、信任与爱护。

因此，在1987年经济萧条的时候，阿姆斯北的全体员工与公司患难与共地渡过难关，而公司也将盈余的12.5万美元作为年底红利分给了所有员工。

阿姆斯北的成功对所有企业家来说是一面永远的镜子：不要说员工不好管理，要问问自己是不是做到了爱他们。

■ 新同事文化

古代的军队讲“打仗亲兄弟、上阵父子兵”，现代军队讲“团队精神”、“服从与执行”。不论是团队精神还是执行，这上下级的关系始终是至关重要的，而维持同心同德、荣辱与共的上下级关系唯一的办法就是爱兵！

华为的企业文化讲：敬业报国，我们要员工先从敬业开始。要想使员工敬业，员工就要热爱企业。他不热爱企业，谈不上敬业。要想使员工爱企业，企业首先要爱员工。8小时之内，我们要员工努力干，8小时之外，要给他排忧解难，想得非常周到。

他们将这种领导与员工间不分级别，不讲上下的关系称为“新同事文化”。

在这种文化的影响下，“华为”人没有勾心斗角，没有争宠卖乖，每个人的创造力和责任心都得到了充分的调动。不论领导还是普通员工，工作起来都不要命，视工作为生活的重心，因此能够保证企业在强手如林的市场竞争中始终保持着旺盛的竞争力。

“爱好兵才能带好兵”，这是解放军队伍最核心的观念。在这方面，企业家完全可以直接借鉴解放军的成功经验。只有真诚地去关心、帮助、爱护员工，才能最大限度地调动起他们的积极性和创造性。

五、领导就是榜样

“跟我冲”这三个字就是魔力无穷。在解放战争时期，解放军队伍与国民党军队对冲锋陷阵的士兵所下的命令是截然不同的。解放军军官用的是“同志们，跟我冲啊！”而国民党军队一般是“弟兄们，给我冲，打胜了老子重重有赏”。一个是“跟我冲”，一个是“给我冲”，两者虽然一字之差，但产生的效果却是天壤之别。这也是解放军能够屡胜强敌的一个法宝。

■ 身教重于言传

中原野战军第六纵队司令王近山在战场上厮杀起来如痴如疯，经常会脱去上衣，赤膊上阵，所以有着“王疯子”的绰号。他在战争中先后负过8次伤，足见其勇猛。每逢战斗的时候，上级经常命令六七个警卫员跟随着王近山。这些警卫员干什么呢？就是负责连拖带抱，以此来阻止身为高级指挥员的王近山亲自冲锋陷阵！在解放荆州时，他身为司令员，居然怀抱机枪冲杀在前，他的警卫员连鞋都跑掉了也没有追上他！

“跟我冲”起着身先士卒、以身作则、率先垂范的表率作用。“喊破嗓子，不如做出样子”。表率作用是一种巨大影响力，它通过领导者榜样般的身教言传，使广大下属自觉地产生敬佩与信赖，从而产生强大的凝聚力、向心力和感召力，进而形成巨大的战斗力。

韩国大宇集团总裁金宇中每天半夜12点睡觉，次日凌晨5点起床，工作十几个小时，坚持了20多年。他经常对下属说的就是：“为了明天的繁荣，我们必须牺牲今天的享乐，因为我们还是发展中国家。”他的行动感化了整个大宇集团，每位员工都会自觉地为了集体利益而努力工作。

古人云：“人不率则不从，身不先则不信。”如果企业家也能像解放军的将领那样以身作则，那么，即使他不发号施令，部下也会奋勇跟上。行为通常比语言更重要，企业家的领导力与威信，往往不是由语言，而是由行为动作体现出来的。聪明的企业家应该明白这个道理。

每一个优秀的企业，都会有一大批把自己全身心献给这个企业的人，都会有一大批以加班为乐的人。万科就是这样一家企业，而且是一家提倡领导干部带头加班的企业。因为老总王石就曾是万科最大的工作狂，在写字楼里埋头苦干了无数个不眠之夜，才创造出了万科今天的辉煌。

海信集团的周厚健也是这样的一个领导。他曾经多次说："对于企业管理人员而言，责任心比事业心更重要……当干部就没有休息日，想有休息日就别当干部。"周厚健放弃了所有的节假日，每天累得一挨枕头就睡着了。

■ 关键时刻，领导者要挺住

"先之以身，后之以人，则士无不勇矣"，越是在困难时期，领导者越应该具备带头冲锋的表率意识。红军过草地时那么艰难，为什么能够走出来？就是因为总司令能够和战士们一起以天当房、以地当床，挖野菜、喝浑水。领导干部的率先垂范和以身作则的精神在团结部队、凝聚人心方面，能够起到举足轻重的作用。这正如邓小平所说："连长指导员不以身作则，就带不出好兵来；领导干部不做出好样子，部队就出不了战斗力。"

解放军大将黄克诚在军队中长期做政治工作，基本工作要诀就是自身的表率作用。1930年年初，部队攻打江西修水县城时，先行爬云梯的战士纷纷中弹掉了下来。紧急关头，黄克诚手持一把寒光闪闪的大刀，冒着弹雨带头爬云梯。这一无畏的榜样带动了全大队，人人争先，迅速把红旗插上城头。

一个公司在处于困境的时候，老板要挺住，下属也要挺住，只有这样，公司才能走出困境。越是这个时候，老板越是要冲锋陷阵在前，身先士卒，做好榜样，带给下属自信与保障。如果老板自己就先乱了阵脚，手足无措，员工能不打退堂鼓吗?

1991年8月6日，四川巴东县三峡水泥厂所在的地区发生泥石流。当时，厂党委书记邹先胜正在县城开会。由于泥石流，交通中断，但他还是冒着生命危险，满身是泥地走回了厂里。面对灾情，邹先胜果断地决定说："其他同志全部撤出，书记、厂长两人必须留下守厂！"

在邹先胜的影响下，有9名员工自愿留下护厂。这11个人在厂里连续奋战了72小时。待后来工人返回厂里，见到他们伤痕累累时，大家自觉自愿、齐心协力地投入抢险。淤积在厂区的16000平方米的泥石，在300多名职工的奋战下，只用了9天就被清除干净，工厂迅速恢复了正常生产。

正是因为有了身先士卒的管理者，才会有9名员工冒死留下护厂，才会有全体员工奋力救灾的业绩。榜样的力量是无穷的，当这力量来自于老板的时候，威力就更无法估量了。这种威力，是金钱、威慑换不来的，是任何其他管理手段所不可替代、不可比拟的。

亚科卡在克莱斯勒公司最困难的日子里，主动把自己的年薪由100万美元降到1000美元。这1000倍的差距，使亚科卡超乎寻常的奉献精神在员工面前闪闪发光，很多员工因此感动得流泪，也都像亚科卡一样，不计报酬，团结一致，自觉地为公司勤奋工作。不到半年，克莱斯勒公司就成为拥有亿万资产的跨国公司。

■ 榜样的力量是惊人的

如果说在困境的时候，“跟我冲”是冲锋在前、身先士卒的话，那么在顺境的时候，“跟我冲”就是以身作则、率先垂范了！

还是黄克诚将军，20世纪80年代初，社会上大兴结婚操办之风。黄克诚在儿子结婚时却不准许其动用公车，最后只得用自行车接来了新娘。如此严于律己，所以在他大力查处违纪违法事件且铁面无情时，大家都心服口服。

解放后，对于外宾送的礼物，毛泽东总是全部让工作人员登记上交，从不留下一件。身边的工作人员曾劝毛泽东说：“反正这些礼品是送给您的，您吃了用了都是应该的。”但是，毛泽东看得很远，他做了这样一番解答说：“这个问题不是那么简单，党有纪律。这些礼物不是送给我个人的，是送给中国人民的。中国不缺我毛泽东一个人吃的花的。可是，我要是生活上不检点，随随便便地吃了拿了，那些部长们、省长们、市长们、县长们都可以拿了，那这个国家还怎么治理呢？”

“其身正，不令而行；其身不正，虽令不从”。领导者应该明白，职权只能使下属服权而不服人，口服而心不服，产生的威信会是极其脆弱的。领导者无论职务多高、权力多大、资历多深，都应该要求别人做到的自己要先做到，要求别人不做的自己坚决不做，这样才能带出一个团结、激情的团队。

张瑞敏虽然是中国最成功的企业家，还被英国《金融杂志》评为全世界最受尊敬的30位企业家之一，但还是每天穿着企业制服上班，同职工一样打卡，在职工食堂就餐……张瑞敏的以身作则、严于律己，赢得了海尔员工们的由衷爱戴，愿意追随着他把海尔这块民族品牌打向世界。

正人先正己，做事先做人。榜样的力量是无穷的，企业家带兵就必须身先士卒、以身作则。“同志们，跟我冲啊！”企业家应该随时将这句话说出来，并保证能够做得到。

六、在管理中树威信

抗日战争爆发不久，陕甘宁边区发生了一件轰动一时的恶性案件。抗日军政大学第六队队长黄克功为了逼婚，杀害了年仅16岁的陕北公学的女学生刘茜。

黄克功少年参加红军，经历过艰苦卓绝的井冈山斗争和二万五千里长征。负过伤，流过血，还曾经带领一个营消灭了敌人一个团。为此，很多人动了恻隐之心，认为黄克功既是功臣，又是战将，应该让他戴罪杀敌，将功赎罪。

毛泽东在得到消息后，久久没有说一句话。他一边抽烟，一边踱步，足足有三个小时……然后，他给陕甘宁边区高等法院院长、此案的审判长雷经天写了一封信，表示必须处死黄克功，并要求在宣读判决时宣读这封信。

毛泽东在信中写道：“正因为黄克功不同于一个普通人，正因为他是一个多年的共产党员，是一个多年的红军，所以不能不这样办。

共产党与红军，对于自己的党员与红军成员不能不执行比较一般平民更加严格的纪律。……一切共产党员，一切红军指战员，一切革命分子，都要以黄克功为前车之戒。……”

要将从井冈山就跟随自己干革命的红小鬼送上断头台，毛泽东当然心痛。因此，写完信后禁不住当众泪流满面。

无独有偶，在此事之前，国民党也发生了张灵甫枪杀妻子的事件。但因张灵甫在蒋介石嫡系胡宗南部下任团长，因此，即使面对极大的民愤，蒋介石也没有处置张灵甫，等风头平息之后，仍然让他当团长。

同样是一员猛将，同样是犯了杀人之罪，但黄克功与张灵甫的命运却迥然不同，由此反映了解放军与国民党军队在带兵水平上的差距，也是解放军战胜国民党军队的一个重要原因。

■ 带兵用人的不二法则

善用赏罚是军队管理中“砺士”的一种艺术。赏和罚，是古今中外将帅治军的两个重要的手段。古代军事家说：“善治军者，赏罚有信。赏不避小，罚不避大。”中国军事史上，宋代的岳家军、明代的戚家军，都是由于赏罚严明，才使得部队不畏强敌，勇敢善战的。

中国人民解放军也一向注重善用赏罚，通常是根据战士的表现来进行。通过赏罚，通过表扬先进，惩罚违法违纪，达到鞭策后进，吸引人心、树立权威的目的。

王震将军在建设新疆的时候，有一次去石河子察看地形，饿得饥肠辘辘，几乎走不动路了，于是走进兵团一个连队的伙房里。正巧连队改善伙食，他端了一碗肉，抓起个馒头就吃。连队炊事员一看就急了，抄起一根木棍就打在王震的胳膊上。后来当得知被打者就是司令员时，炊事员吓坏了。而对于这种情况，王震先是表扬了炊事员责任心强，是一个合格的好战士；后是批评炊事员打人不对，并劝告年轻气盛的他遇事不要那么急躁。

三国时期，蜀汉宰相诸葛亮命令马谡率领精兵防守街亭要塞，和北方的强敌魏国对峙。后来，马谡因为轻率出兵会战，结果导致严重的失误，不仅街亭失守，蜀军还差点儿全军覆灭。幸好诸葛亮唱了一出空城计才转危为安。

依照军法，马谡因违抗军令而导致失败，应处斩刑。但马谡是诸葛亮一生中最喜爱的部将，杀了他诸葛亮是非常不忍心的。可是，诸葛亮心里十分清楚，马谡所犯的过失已经严重到动摇蜀汉根基的地步，如果处理不当，不仅民心士气无法维持，自己也会失去威信，将来也无法带兵了。于是，诸葛亮痛下决心，挥泪把马谡斩首示众了。

这个典故，就是成语“信赏必罚”的来源。

“信赏必罚”自古以来即是领导者用人、带兵的不二法则。作为企业的管理者，只有切实做到有功劳的一定要奖赏，有过失的一定要惩罚，团体的纪律才能获得有效的维护，团体中的每一个人也才能尽心尽力地去工作。相反，没有做到信赏必罚，任何人都放心大胆地胡作非为，那么整个团队纪律及秩序都将会遭到破坏，整个团队就会失去战斗力。

■ 有胡萝卜，也要有大棒

华为能够吸引人才，人才来了之后能够拼命工作，原因就在于他们独具特色的员工持股的激励机制。华为根据员工的才能、责任、贡献、工作态度等方面的表现来动态调整其持股的比例，让贡献大的员工得到应有的利益回报。

但有些企业家喜欢一团和气，喜欢只赏不罚，那样你好我好大家好。可是，如果该罚的不罚，也无法起到树立威信、凝聚人心的作用。所以，信赏必罚应该是“当赏则赏，该罚则罚，赏罚分明”。奖赏是正面强化手段，即对某种行为给予肯定，使之得到巩固和保持。而责罚则是反面强化，即对某种行为给予否定，使之逐渐消失。这两种方法综合使用，奖罚分明，是企业家的带兵的左右手，两手都要硬才行。

诸葛亮斩马谡之后，还深深悔恨自己的失误，把防守要塞的重任交给一个轻率的人而贻误了国家大事，所以深感自己也有连带责任。于是就请求处分，要求从宰相降为右将军。诸葛亮对马谡、对自己大公无私的处分，赢得了蜀汉军民无比的爱戴和拥护。

春秋时的晋国有一名叫李离的狱官，因为听信了下属的一面之词，致使一个人冤死。真相大白后，李离准备以死赎罪。晋文公说：“这件案子主要错在下面的办事人员，又不是你的罪过。”李离说：“狱官的职责就是公正执法，我既然当了狱官，还拿着俸禄，现在出现了冤案，自己怎么就没有责任呢？”说完，就自杀而死。

可见，要真正做到信赏必罚难，领导者必须以身作则、以身示教，必要时还要敢于拿自己开刀。

1995年，海尔某质检员由于责任心不强，造成洗衣机选择开关的插头插错和漏检，因而被罚款50元。这位质检员作为最基层的直接肇事者，承担了其应当承担的工作责任。但是，海尔管理层却认为，员工干得不好，主要是管理人员指挥的不好；员工的水平，反映了管理人员的素质。为此，海尔上下进行了一场大讨论，结果产生了著名的“20：80原则”。

后来，海尔某分公司财务处一位实习员工出现工作失误，由于该员工系实习生，没有受到任何处罚，但对于作为责任领导的财务处处长则根据“20：80原则”而罚款50元。再后来，海尔集团形成了一个传统，就是无论下属分公司出了什么事，集团都拿该公司一把手是问。

■ 赏罚必须公正

张爱萍将军治军赏罚分明，而且严于律己。抗日战争时期，将军任新四军三师副师长。有一次全师会操，因为与师长黄克诚谈话，张爱萍迟到了4分钟。会操结束之后，将军当众宣布道：“副师长张爱萍同志迟到4分钟，罚站10分钟。各单位自行带回，张爱萍原地罚站。”全场官兵无不为之感动，场上马上响起了雷鸣般的掌声。

从现代管理科学的角度来讲，赏罚为什么是管理团队的有效手段，就在于它的公正性。因此，惩罚要铁面无私、六亲不认，奖励更要实事求是、论功行赏。如果失去了公平性，会让小人得志、有功者寒心，会极大地损害团队的战斗力以及领导者自身的威信。

在中国最出色的房地产企业万科，自初创时开始，就形成了一个不成文的规矩——“亲属不共事、举贤要避亲”。他们认为，亲戚朋友如果都在一家公司，无法形成公平的竞争机制，所以举贤一定要避亲。

中国传统强调“举贤要内不避亲、外不避仇”，但在实际情况中往往只是“不避亲”，并在举荐后，形成“亲上加亲”的裙带关系。虽然，在亲属里可能也不乏人才，但难以两全时，万科做出了利于平等竞争的选择，给了员工机会均等的环境。

万科要求员工入职时要如实申报在公司内是否有亲朋好友，如果有，必须声明。万科下属公司曾有一个职员申报时说在万科没有亲朋好友，但后来公司发现，其兄长是万科一家分公司的部门经理。于是立即将该职员辞退。

还有一次，王石曾离开公司去外地学习一年，回来后发现自己大学毕业的表妹被安排在公司上班了。虽然表妹所学的专业正是万科所急需的，但硬是被王石劝走了。他说：“如果你有本事，去哪里都能施展；如果你没本事，凭什么在我这儿混？”在今天的万科，没有王石的大学同学，没有他的部队战友，也没有他儿时的玩伴。

赏与罚的目的，都是为了调动人的积极性，提高员工的工作效率。奖赏是件好事，惩罚也很必要，对有功劳员工的奖赏和对犯了错误员工的惩罚是理所当然的，不能有半点儿的迟疑与含糊。赏罚的关键在于赏罚分明与赏罚公正，否则赏罚就会失去应有的效力，也就谈不上领导者的权威。

七、把握火候最关键

俗话说，人上一百，形形色色。在解放军这个大团队里面，每一个战士的个性是千差万别的。因此，解放军带兵非常讲究“刚柔相济”。根据每个战士不同的情况，或以刚制柔，或以柔克刚，或外刚内柔，或刚中寓柔，最后收到了教育好战士、提高部队战斗力的效果。作为一个高明的、成功的带兵者，邓小平就谙熟“刚柔相济”的道理，他善于将严格的军纪与火热的真情加以融合，做到严中有情、张中有弛。因此，毛泽东十分赞赏邓小平这种绵里藏针的领导艺术，说他“外面和气一团，内部是钢铁公司”。

■ 制度无情人有情

解放军将领带兵经常说：“制度无情人有情。”这就是解放军带兵刚柔相济的最好解释。

1947年，刘邓大军进入大别山区，张际春副政委宣布了“约法三章”：枪打老百姓者枪毙；抢掠民财者枪毙；强奸妇女者枪毙。10月13日，警卫团三连副连长赵桂良从集市上一个没人看的店铺里拿了一些纸张、梳头油等东西，想拿回去办墙报和擦枪用。

刘邓首长研究决定，按“约法”执行并通报部队。一些老红军的家属、老赤卫队员闻讯后，向首长求情。邓小平沉思了一会儿，很坚定地说：“军令如山，谁也不能以身试法。如果对一个连长姑息，那怎么约束营长、团长以及我们自己呢！形势和部队的现状，已经逼迫我们再也不能犹豫了！”他接着指示，“要好好安葬赵桂良。通知地方政府，按军烈家属待遇照顾好他的妈妈。”最后，他沉痛地说：“赵桂良同志犯了错误，我们也有责任，我们没有教育好他，对不起他的妈妈。”

解放军首长对于犯错误的事情严惩不贷，对于犯错误的人却又是充满着同情和关爱。这就是今天众多企业家奉行的“有情的领导、无情的制度”、“提倡人性化管理、杜绝人情化管理”的管理方法的源泉，这就是刚柔相济，是领导者带兵极其高明的一招。

石家庄第二印染厂的整理车间有个女工叫孙灵菊，她有一个特殊的家庭：母亲病故，父亲瘫痪在床；姊妹5人，她是老大，下面4个弟妹尚未成年，需要抚养，家务劳动很繁重。但整理车间是三班倒、上下班时间不固定。因此，她经常迟到早退，工作没精打采。根据厂规，她经常被扣减奖金，甚至扣发工资，这给她的生活增加了新的困难。

厂长崔志才得知孙灵菊的情况后，立即召开了一次紧急厂务委员会，专门研究孙灵菊的问题。会上，崔志才讲了一段很有哲理的话，他说：“企业不能没有制度、纪律，而且要严格执行，否则，管理就会无序且流于形式。但是，纪律只是手段而不是目的，纪律要严但不能冷酷，制度无情人要有情。”

会上，厂务委员会做出决定：将孙灵菊从整理车间调至后勤工作，也就是从三班倒变成长白班，使她有时间做家务；在完成工作任务的前提下，允许她迟到早退，而且工资、奖金不受影响。得到这个消息，孙灵菊吃惊得一句话也说不出来。

正是在这种有情有义的管理下，该厂的职工回报了企业更大的情义和忠诚。比如在夏天上班，因为电力紧张工厂的供电指标有限，职工为了赶任务，就关掉了所有的空调器，省出电来加快生产，在43℃的高温下兢兢业业工作。

这种为企业而牺牲个人利益的行为，是很多企业家梦寐以求的，但是，这能用钱买来吗？用惩罚办得到吗？有这样高度的凝聚力的职工队伍，企业能不兴旺发达吗？

■ 刚柔相济大智慧

《诸葛亮兵法》里面这样写道：“善将者，其刚不可折，其柔不可卷，故以弱制强，以柔制刚。纯柔纯弱，其势必削，纯刚纯强，其势必亡，不柔不刚，合道之长。”

这段文字的意思是：好的将帅应该具备的性格是刚强、刚烈，但不固执己见，温和、柔和但不软弱无力，即通常所说的刚柔相济。单纯一味地柔和、软弱，就会使自己的力量被削减，以致失败；单纯一味地刚烈、刚强又会导致刚愎自用，也注定要灭亡。所以，不柔不刚、刚柔并济才是最理想的带兵之道。

诸葛亮治蜀的时候，刑罚严峻，这与刘备的“仁爱”争天下迥然不同，不仅老百姓时有怨言，下属也有不少意见。诸葛亮为什么这么做呢？诸葛亮说：刘璋统治西川时，只想在乱世中自保，所以法律松弛，老百姓对法制掉以轻心。现在我们治蜀，为的是要一统天下，若无严明的法律，就不能保证作为大后方的四川对前线的支持。

与诸葛亮相似的是，王震将军在解放后的铁腕治理新疆。当时将军主动向中央请命，将部下10万人集体转业，成立农垦兵团，亦兵亦工亦农，为巩固西北边防立下了汗马功劳。

将军带兵不是儿戏，因为军队是高度集中统一的武装集团，是要时刻准备打仗的。带兵以“刚”就是从严治军，这是军队战斗力生成的主要源泉。从严治军会使部队成为一把利剑，剑锋所指，所向披靡，这是古今中外的军事家无不奉行的带兵经验。

孙子说："厚而不能使，爱而不能令，乱而不能治，譬若骄子，不可用也。"就是说，对士兵们如果过分厚养而不能使用，一味溺爱而不能命令，违犯了纪律也不能严肃处理，这样的军队就好比"骄子"一样，是不能用来作战的。

■ 制度的刚柔相济

商场如战场，企业也是要在市场这个战场上冲冲杀杀的。因此，企业家对下属的管理必须是刚性的，这就得需要"军令如山"，需要"军中无戏言"。

吉林化纤股份有限公司董事长傅万才的"三严"管理是远近闻名的。"三严"就是严谨、严格、严肃。严谨就是管理制度要到位，不能有空可钻；严格就是执行起来一丝不苟；严肃就是处理违纪毫不手软。即使是厂级干部的"千金"，违纪照样重惩；工段长病假期间赌博，也坚决开除。

傅万才的这种"三严"管理方式使每个人都感到既有压力又有动力，从而最大限度地激发了人的潜能，带出了一支能征善战的高素质的职工队伍。

一项投资3亿元的建设工程，原本需要3年完成，结果吉化人只用了16个月就投产了；126台纺丝机总重量达3000多吨，由于受施工环境的限制，无法用车辆运入，吉化人硬是靠肩扛人拉运进安装现场；从德国进口3台打包机，德国专家预测，至少要72天才能完成安装任务，结果只用了18天，使素以严谨著称的德国专家大为感叹，甚至提出由自己掏钱来宴请这些工人。

许多到吉化办事或参观的人都会不自觉地被这种井然有序的工作氛围所感染。一些人深有感触：如果国有企业都像吉化这么管，就一定能搞好。

带兵的刚与柔就是企业管理的刚性管理和柔性管理，两者是相辅相成的。柔性管理并不排斥管理中的刚性成分，而是对传统管理手段强硬、缺乏弹性的辩证否定，是一种扬弃，它是刚性管理的润滑油，能起到刚性管理不可替代的巨大作用。

在微软公司，管理者会给员工较大的自由和空间发展他们的事业，并在工作和生活上充分信任、支持和帮助员工。和一些软件企业对员工处处提防的做法不同，微软公司内的员工可以看到许多源代码，接触到很多技术或商业方面的机密，员工还可以直接对比尔发表任何意见。在经费上，只要解释清楚这笔支出的必要性，公司从不设投资的上限。对于失败，只要勇于承认，换一个方向继续开发，也不会遭到什么非议。正是这种柔性的管理方式产生的轻松工作环境，使得微软的员工对公司有更强的责任心和更高的工作热情，大批天才般的核心员工才会心甘情愿地在微软长期地干下去。

成都武侯祠有句名对联——“不审时则宽严皆误，后来治蜀者要深思”。诸葛亮是很清楚在什么样的情况下用什么样的手段来治蜀的。开始的严峻刑法与后来的七擒孟获，就是他刚柔相济的治理国家的艺术。

“刚”与“柔”好理解，“相济”就不容易理解了。企业的管理者往往是“刚”有余而“柔”不足，或者相反，很难达到二者的有机融合。只有有胆识、有魄力、有素养的企业家，通过日积月累的工作实践，才能达到的“刚柔相济”这种高层次的领导艺术境界。

■ 打一巴掌揉三下

一代明君唐太宗曾说："治国之道，在乎宽猛得中。宽则政令不成，猛则民无措手足。有天下者，不敬之哉！"其意思就是治理国家也要刚柔有度。一味地宽容和怀柔，则国家政令将得不到好的贯彻实施；一味地控制和压迫，则会让人民惶惶不可终日，国家也会不安定。

企业管理也是一样，柔性和刚性是一对矛盾的统一体。刚性管理是柔性管理的依托和基础，对柔性管理的实施往往起决定作用；失去刚性管理的支撑，柔性管理则难以收到理想的效果。而柔性管理则是在保持适度刚性的同时，尽可能地提高管理的柔性，使企业管理有刚有柔、刚柔相济，更加科学、实用、灵活、高效。

带兵要刚柔相济，就是既要用硬的办法来约束下属的行为，又要以情动人，以理服人；既有严格的制度、严密的组织，严厉的惩罚，严肃的批评，又要不忘多对部下表示关心和爱护、多做说服教育工作。有经验的带兵人既敢于发火震怒，又有善后的本领；既能和风细雨，又能雷鸣电闪。

一次，日本"经营之神"松下幸之助对一位厂长破口大骂，厂长因受不了而昏倒。当厂长回家的时候，松下让自己的秘书送他回去。秘书对厂长说："老板怕你想不开而自杀，特地要我送你回去。"秘书把厂长送回家后，还偷偷地交代厂长夫人说："厂长先生伤心过度，说不定会自杀，请整夜注意他的一举一动。"次日一大早，松下就亲自打电话给厂长，问道："你是否还在意昨天的事呢？没有吗？那太好了！"

松下一看到下属做错事，马上大发雷霆，可是事后一定派人安慰一番，这刚柔相济之间、一放一收之间，把握得恰到好处。下属不仅能改正过错，还佩服得五体投地，这才是真正的用人之道、带兵之法。

八、批评要讲求艺术

在抗日战争最艰苦的时候，毛泽东听说中央机关有一个理发员想上前方打仗，不愿意在后方做服务工作。有一天，毛泽东去理发，边理边和这位战士唠嗑。毛泽东说："你的理发技术真不错，把我变得年轻多了。没有你这样的理发员，我们的头发长了，还有战士们从前线下来，头发长了都找不到人理发。看来，你的工作和我的工作和前线的战士的工作一样，都很重要，都少不了。"这位理发员听了，觉得主席把自己的工作和前线战士的任务联系起来，很是感动，当即向主席表示，要安心在后方为大家服务。毛泽东对这位理发员委婉的批评，是一种很高的批评艺术，起到了很好的教育作用，达到了批评的效果。

■ 团结——批评——团结

革命队伍中历来重视批评工作，毛泽东曾总结过一个公式：团结——批评——团结，就是从团结的愿望出发，经过批评或者斗争，在新的基础上达到新的团结。

无论是带兵打仗的将军，还是带领员工经营企业的企业家，为了团结队伍、整肃纪律，批评人肯定是经常发生的事情。但是，如何对待犯错误的下属，却是带兵者必须谨慎对待的问题。处理得当，双方满意，促进工作；处理不当，则激化矛盾，增加工作阻力。所以，批评人一定要讲艺术。

邓小平是我国各族人民公认的享有崇高威望的杰出领导人，在几十年的革命生涯中，批评了不少的人和事。值得大家学习的是，他的这些批评透视出了非凡的智慧。

1942年，邓小平到某基层视察工作。吃饭的时候，他在连队的伙房拿起一块锅巴有滋有味地吃了起来。但是，锅巴里面含有沙子，吃起来“咯嘣”、“咯嘣”地不停作响。于是，邓小平一面吃着，一面对炊管人员说：“米里沙子太多了，这可要不得哟。我们是小米加步枪，不是沙子加步枪哟！”一句“沙子加步枪”让炊事兵忍俊不禁地笑出声来，但随即认识到了自己的错误，马上表示在今后的工作中一定改进。

批评不是对下属的讽刺、挖苦、抓辫子、扣帽子等等，而是善意地、公正地帮助下属认识、纠正缺点和错误，接受教训，以利再战。正如毛泽东所说，批评的精要在于“惩前毖后，治病救人”。

■ “挨骂”是进步的原动力

对待犯错误下属的批评，态度一定要严肃认真，可以用尖锐措辞、激烈语调来严厉批评，好让对方意识到错在哪里，以及不改正错误的严重性。

其实，批评下属并不是一件太轻松的事情，批评轻了，起不到批评的作用，下属也不会改正错误；批评过头了，让下属接受不了，反而会增加抵触情绪。怎样才能达到“纠正错误”这个批评的目的呢？那还得要“刚柔相济、恩威并举”。

1947年8月的一天凌晨3点，已经三天三夜没合眼的彭德怀刚入睡，电台就收到王震请示第二天行动的报告。机要秘书想让他多睡一会儿，所以4点半才把电报送给他。

彭德怀一看电报的收到时间和机要科的译出时间，马上脸一沉，问道：“为什么晚送了一个小时？”机要秘书赶紧回答：“您身体不好，胃病又犯了，又三天三夜没合眼了……”没等话说完，彭总便电闪雷鸣般地发起火来，他吼道：“胡宗南10万大军压境，误了战机谁负责？”机要秘书从未见过彭德怀发这么大的火，马上意识到自己犯的错误很严重，于是诚恳地说：“我错了，今后一定改正。”

过一会儿，彭德怀缓和了态度，真诚地说道：“党中央和毛主席把这样重的担子交给我们，指挥不好，犯了错误，就辜负了党中央和毛主席的重托，那就是对人民的犯罪啊！”经彭总这样语重心长的批评后，被批评的秘书心服口服。

“挨骂就是进步的原动力”，这是日本“经营之神”松下幸之助信奉的一句话。在这个座右铭下，不知道有多少人都曾经被松下骂得狗血淋头，但这些人反而会更加积极地围绕在松下的周围，对其既敬又怕又佩服。所以，企业家带队伍就得敢于“骂”人！

1984年，一位用户要购买海尔的电冰箱的时候，挑了许多毛病，最后勉强拉走一台还是有缺陷的电冰箱。顾客走后，张瑞敏派人把库里400多台冰箱全部翻箱，将发现有缺陷的76台冰箱摆在车间里让每一个员工参观，让大家说怎么办。一致的看法是便宜处理给职工。

张瑞敏严肃地说，如果便宜处理给你们，就等于同意你们今后可以生产这种带缺陷的电冰箱。今天是76台，明天就可能是760台、7600台……张瑞敏越说越生气，最后干脆举起大锤，当着全厂职工的面，亲手把那些质量不合格的电冰箱给砸烂了。

通过砸电冰箱这种赤裸裸的批评方式，不仅使张瑞敏在海尔的威信逐渐树立起来，最大的效应是为海尔的质量树立了好名声，砸出了海尔这个世界名牌。

这种针对全厂员工进行的批评是严厉的，产生的效果也是直接的和强烈的，让职工们印象深刻，教育意义也更为长久和深远。假如换一个企业家，面对这种问题，该批评不批评，得过且过，海尔还会是今天这个样子吗?

严厉的批评是必要的，但一定要做到“晓之以理，动之以情”。每个人都是有自尊心的，对批评都会比较敏感。因此，在对下属批评之前，一定要弄清楚所犯错误的性质、程度及原因，这样，批评起来才客观公正。有理有据，下属才无话可说。此外，严厉的批评结束之后，一定想办法将气氛变得宽松、缓和，这不是不坚持原则，也不是充当和事老，而是使被批评者有一个心理缓冲的余地，消除其对立、抵触的情绪，让他们更快更好地改正错误。

■ 领导要会用“软钉子”

批评的方式是多种多样的，但归纳起来，无外乎两种，一种是严厉的直接的批评，这适合用于犯原则性错误的下属；另外一种是间接的委婉的批评，这适合用于错误不很严重的下属。

有一次，新四军三师师长黄克诚看见一位通信员为抄近路踩了老乡的玉米地。他便把那位战士叫过来，不是直截了当、声色俱厉地批评一顿，而是像拉家常一样，从会不会干农活、粮食是怎样长出来的谈起，使这位战士认识到劳动人民用血汗换来粮食的不易，心悦诚服地承认了自己的错误。最后，黄克诚还和那位战士一起把踩倒的玉米扶起来，培上土。

批评的最高境界就是这样，既不伤害下属的自尊，又让他们能够意识到自己的错误，最重要的是，他们还能自觉自愿地改正错误。

一个厂长发现几个在厂区抽烟的工人。厂区是禁止抽烟的。厂长虽然非常生气，但是他并没有对几个工人“当头棒喝”。而是走过去，给每个人都递过去一支烟，然后委婉地说：“我们还是到厂区外面去抽烟吧！”几个工人听到这委婉的批评后，才意识到自己犯了错误，而厂长真诚的态度让他们一个个非常自责，都下定决心以后一定不会在厂区内抽烟了，有的甚至还戒了烟。

批评是否成功，检验的标准除了被批评者是否诚恳接受、是否改正了错误之外，还有很重要的一条，那就是下属对批评的反应。如果被批评者迅速改正了错误而且又能够得到大家的肯定与认可，那么，管理者无疑是具有高超的批评艺术的。

第二章
打造强有力团队建设

“一只绵羊带领的一群狮子，敌不过一头狮子带领的一群绵羊”。一个企业团队能取得多大的成就，关键在于这个团队的领导者会不会“带兵”。

一、敢打硬仗是胜利的保证

中国人民解放军在80年的战斗历程中，武器装备、物质保障等与敌人相比经常处于下风。解放军之所以能屡屡战胜强敌，夺取胜利，关键是在于解放军有战胜一切敌人的信心和勇气，正如毛泽东在《论联合政府》中说："这个军队具有一往无前的精神，它要压倒一切敌人，而决不被敌人所屈服。不论在任何艰难困苦的场合，只要还有一个人，这个人就要继续战斗下去。"这就是解放军所向披靡、无坚不摧的最根本原因。

在血雨腥风、刺刀见红、短兵相接的惨烈市场竞争中，现代企业会面对很多"敌人"，竞争对手、运营上的困难、内部矛盾等都是企业的"敌人"。如何消灭这些"敌人"，就得像解放军一样具有"压倒一切敌人"的战斗勇气。在复杂的市场形势下，在强大的对手面前，具有众志成城，不屈不挠，敢于打大仗、打恶仗的过硬的团队作风。

■ 作风过硬是基础

任何一支军队和中国人民解放军交手都会感觉到无比的头痛，让对手头痛的不是解放军的武器与装备，而是解放军英勇顽强的战斗作风。解放军向来是以作风顽强，敢打硬仗，善打硬仗著称于世的，这一点，每一支和中国军队交过手的和没交过手的军队都会公认。

管理企业与带兵打仗是很相似的，军队的作风是军队战斗力的直接体现，而企业的作风是企业竞争力的直接体现。作风涣散、萎靡不振的团队，不过是一群软、懒、散、不堪一击的乌合之众；有过硬的作风，才能造就优秀的团队；有优秀的团队，就能创造一流的业绩。

华为从一个名不见经传的企业发展成为产品覆盖了全球70多个国家、年销售额近300亿元人民币的巨型民营企业，这个被称为"土狼”的企业已经成为中国企业史上的一个成功典范。

华为的成功主要依赖其在营销方面的优势。华为的营销优势首先是华为营销队伍的优势，而庞大的华为营销队伍的优势在于：这支营销队伍拥有过硬的团队作风，富有强大的战斗力。

从1998年开始，华为开始进军世界的核心市场欧美。当时的欧洲人片面地认为中国只能生产廉价的鞋子，对中国人能生产高科技产品闻所未闻。所以，在1998年、1999年连续两年中，华为在欧洲市场一无所获。

虽然如此，华为的营销人员还是锲而不舍地努力，在竞争对手滑雪度假、和家人团聚的时候，他们却在马不停蹄地攻城略地，并最终有了收获。先从东欧、南欧打开了市场，然后胜利地挺进了西欧、北美，把胜利的旗帜插在了凯旋门——将欧洲地区总部的中心设在了巴黎。

从华为的例子来看，一个企业的成功与否，关键得看该企业是否拥有一支作风过硬的团队！因为过硬的团队作风是力量的源泉，它能使每个人都能发挥出所具有的潜能，齐心协力地出色地完成各项繁重的任务。一支作风过硬的团队是企业常青的基石。

■ 团队作风过硬的八大特征

克劳塞维茨在他的《战争论》中多次阐述胆略、勇气、士气、毅力、勇敢、机智、荣誉感等对战争胜负的影响，他甚至说：“士气能使军队的实际力量成倍增强”，并断言不但过去如此，现在如此，将来也必将如此。诚然，精神不是万能的，但没有精神是万万不能的，谁也不能否认精神的巨大作用，尤其在严峻的对敌斗争中，缺少战斗精神，战斗力便无从谈起，战胜敌人更是一句空话。

企业作风就是一个企业在各种活动中所表现出来的一贯态度和行为处事的风格，是全体员工在企业发展过程中长期积累并形成的精神风貌。企业过硬的团队作风应该具有如下八大特征：

（一）实事求是：做任何事情都要从实际出发，注重结果，不做表面文章。汇报情况要说实话，不能只报喜不报忧。

（二）艰苦奋斗：工作中吃大苦、耐大劳、埋头苦干、刻苦钻研、勇于开拓。

（三）谦虚谨慎：正确认识和处理个人同团队的关系，严格要求自己，虚心听取意见，反对居功骄傲。

（四）团结互助：在工作中主动协作，互相支援，为了团队的需要，舍得牺牲个人的利益。

（五）雷厉风行：一声令下，立即行动，不讲价，不打折扣。有条件要上，没有条件创造条件也要上。

（六）主动请战：在艰苦环境和艰巨任务面前，主动积极，勇挑重担。

（七）英勇顽强：不怕疲劳，能够连续作战，无论遇到多么难以忍受的困难，都能想办法克服。

（八）敢于胜利：执行要结果，以强者心态面对竞争，迎着困难上，追求最终的胜利。

有人说，企业管理者应该一半是企业家，一半是军人。这句话是颇有道理的，不然，为什么现在越来越多的企业培训新员工的第一课就是军训呢？让员工从立正、稍息、报数、左右看齐、左右后转、齐步走、跑步走、正步走、叠军被等军事课目开始学习。学习什么？就是学习军人的不怕累、能吃苦、团结一致、敢打硬仗的优秀作风。

海尔集团多次被世界权威机构评为全球“最佳营运公司”，虽然它现在的全球营业额已经突破了1000亿元，但在1984年，它还是一个亏损147万元的濒临破产的企业呢！

没有人能够随随便便地成功，也没有哪个企业能够随随便便地成功，海尔如此惊人的成绩就是来自于张瑞敏不遗余力地坚持“日事日毕、日清日高”的基础管理，由此造就了海尔这支作风过硬的企业团队。

虽然企业在市场经济环境下有其独特之处，但从本质上来说，军队和企业都是团队，而团队，要保持良好的精神状态以及取得胜利的最佳保证就是过硬的团队作风。建设好团队的作风，是企业领导者和团队管理者的一个极其重要的任务。

二、要有坚强的领导力量

作为一个团队，解放军能够由小变大，由弱变强，就是因为他们得益于中国共产党的坚强领导。

1927年9月29日，毛泽东率领工农革命军到达江西永新县三湾村，进行了著名的“三湾改编”，确定了“支部建在连上”的制度，确立了党对军队绝对领导的组织系统。两年后的1929年，著名的古田会议规定了红军的性质、宗旨和任务，强调了红军必须置于共产党的绝对领导之下。

三湾改编与古田会议具有十分深远的历史意义，强调了共产党对红军必须具有绝对的领导权，确立了“党指挥枪”的建军原则。党指挥枪、把支部建在连队上，使得中国共产党对军队有着绝对的领导权，中国人民解放军也因此战胜了一个又一个强敌，逐步发展壮大起来。

■ 领导的大权一定要握牢

美国前国务卿基辛格在第一次见到毛泽东的时候，几乎完全被毛泽东的威严所震慑。他在回忆录中写道：“他身上发出一种几乎可以感觉得到的压倒一切的魅力。”毛泽东能够从容不迫、随意自如地指挥数百万解放军，正是具有了这种坚强的领导力。

诸葛亮曾这样说：“夫兵权者，是三军之司命，主将之威势……若将失权，不操其势，亦如鱼龙脱于江湖，欲求游洋之势，奔涛戏浪，何可得也。”意思是，兵权就是将帅统率三军的权力，如果失去了这个权力，就好像鱼、龙离开了江河湖海，若想在海洋中自由遨游，在浪涛中奔驰嬉戏，那是不可能的。

这段话一针见血地指出了一个问题，就是兵权对于将领的重要性。一员将领假如失去了兵权，任凭你多么具有雄韬伟略，也只能是毫无作为。

三株、巨人、爱多、秦池、冠生园、沈阳飞龙、百龙矿泉壶、亚细亚、春都……这些庞然大物轰然倒地的深层次原因就是，随着规模的扩大、人员的增加，企业管理开始陷入混乱，逐步控制不了局面，所以最后的结果只能是瞬间崩溃。

经济学中有一个著名的“二八法则”，即占人数20%的领导的领导力量决定了一个企业80%的结果，而被领导的80%的人的力量只决定了20%的结果。因此，团队的命运如何，就得看团队的领导层是否具有坚强、卓越的领导力。

这与另外一句经典的名言如出一辙，“一只绵羊带领的一群狮子肯定敌不过一头狮子带领的一群绵羊”。毫无疑问，一个企业的领导层必须具有坚强的领导力，才能承担起领军的重任。

全国电子信息百强企业、国家重点软件企业的中创软件公司的成功就在于有一个坚强的领导班子，公司的管理团队还在2004年荣获第二届“中国软件企业十大领军人物”的“最佳团队奖”。

其班子的核心成员之一、该公司常务副总经理程建平女士在总结公司的成功经验时认为：软件行业中，没有成功的个人，只有成功的团队。加强团队建设，造就一支有着共同价值观和奋斗目标，具备很强学习能力的职业化优秀团队，这才是软件企业真正的核心竞争力。有影响力的领导核心是团队建设的前提。如果说团队是一个同心圆，那么团队的领导核心就是圆心，富有影响力的领导核心则是团队建设的基本前提。中创软件在发展实践中，逐步形成了一个稳定的、强有力的领导核心，以公司董事长兼总裁景新海为首的领导集体，始终保持着开放的心态与强大的感召力、影响力。

每个企业都梦想着能像解放军一样不断成长壮大，但大多数企业还不到人类平均寿命的一半就夭折了。为什么呢？据一项科学研究表明，排名《财富》杂志世界500强的企业从产生到衰亡，平均寿命只有40～50年。《财富》杂志的数据显示：美国大约有62%的企业寿命不超过5年，只有2%的企业寿命能达到50年。另据调查资料显示：中国的企业集团公司平均寿命只有7～8年，中小企业的平均寿命更短，只有2～9年。

■ 做个强势领导

决定企业成败的因素是多方面的，但没有坚强的领导力量肯定是会失败的。娃哈哈的老总宗庆后就说："搞企业与打仗一样，机会来了，要快速反应，及时决策。没有强势领导就做不成事情。"

娃哈哈公司一直都没有副总，部门经理分管各部门业务，直接对宗庆后负责。娃哈哈的所有策略、价格、政策都是宗庆后一人拍板，下面的人100%地去执行。甚至在几年前，公司50元钱以上的报销账目都要宗庆后亲自签字。

1997年，宗庆后做了一个大胆的决定：上马"非常可乐"。因为可口可乐与百事可乐征服市场的绝招就是宁可几年不赚钱也要取得市场份额，使得"两乐"几乎粉碎了之前中国所有本土可乐品牌的反击。所以在宗庆后做出这个决定后，外界传来评价说："非常可乐，非常可笑。"

娃哈哈董事会的很多成员对此也不支持，下属也是忧心忡忡。但宗庆后说："他们也知道，我要做的话谁也挡不住。"详细论证之后，非常可乐很快上马了。2001年，非常可乐以62万吨的产销量挤入三甲，使得两雄争霸的局面已变成了三分天下。宗庆后以科学的判断力和强有力的领导力保证了自己正确战略的顺利实施。现在，娃哈哈已经是全球第五大饮料生产企业。

■ 领导班子的建设

为什么要强调坚强的领导力量？这个道理其实很简单，团队有了坚强的领导班子，才可以制定出正确的战略，才可以有力地执行战略。解放军的最高领导班子中，毛、朱、周三位领导者，就是人尽其才、扬长避短的最佳班子组合的典范。

毛泽东是一位伟大的思想家，朱德是一个非常出色的军事领导者。毛泽东长于制定宏观的战略，而朱德则精于战术行动。在战争年代，朱毛互相取长补短，所以无往不胜，几乎到了天衣无缝的程度。

毛泽东善于抓大事、做重大决策，周恩来则是处理实际事务的能手。对此有人形象地评价说，毛泽东是个舵手，高瞻远瞩、掌握方向；周恩来是个划桨人，能够让船快速前进。两个人配合得完美无缺，可以说是天生的最佳搭档。

解放军领导班子的配置有一个很显著的特点，就是军事将领与政治将领的默契配合。比如：一野是霹雳战神彭德怀与细心管家邓华；二野是当代孙武刘伯承与治国领袖邓小平；三野是诗人元帅陈毅与常胜将军粟裕。

从解放军领导班子配置的成功经验来看，一个有领导力量的班子一是要搭配合理，二是要分工明确。班子的合理搭配，工作的合理分工，是提高领导工作效率、加强领导力量的前提。

想要拥有坚强的领导力量，首先必须拥有一个好的领导班子。所以，联想的三大管理经验就是——“建班子、定战略、带队伍”。他们为什么把“建班子”排在“定战略”、“带队伍”的前面呢？因为他们知道，有了一个意志统一的、有领导力的班子，什么战略定不出来？什么队伍带不出来？

韩国三星集团也有一个颇为人所称道、极其稳固的铁三角领导层：李健熙会长为顶点，负责协助会长及总裁团实施战略决策的结构调整总部；指挥实际经营的总裁团。结构调整总部和总裁团是领导班子的“双轴”。

这个领导层三方各司其职。会长李健熙作为铁三角的顶点，主要把握集体的大方向，比如向半导体事业进军、三星电子和三星半导体通信的整合、制造世界一流产品等等；结构调整总部负责制定集团总体战略；总裁团则是具体实施战略。

没有这样一个搭配合理的领导层，三星电子不可能战胜20世纪90年代中期出现的严酷的半导体行业不景气的状况，成长为每年能创造以亿为单位的纯利润的一流企业。

曾有很多政府大楼都挂着这样的两幅标语——“领导我们事业的核心力量是中国共产党，指导我们思想的理论基础是马克思列宁主义”。对于一个企业来说，它也有自己的核心力量，那就是领导层。而领导层的领导能力如何，则是决定企业命运的关键因素。

三、卓越源于坚定的信仰

一位红军战士在回忆爬雪山时的情景说：“我们翻越一座又一座

雪山，当时想，我们这些人也许永远也翻不完这些山了，没有什么希望了。但我们坚信，即使我们真的倒下去，中途失败了，但我们的下一代也一定会继承我们未竟的事业，继续前进，革命终将成功。”

正是因为红军战士对共产主义的信仰是绝对真诚的，所以他们才能在挨饿、受冻的情况下，走完了两万五千里的长征。其间穿越了无数险峻的峰峦和荒无人烟的草原，横渡了几十条江河，打了无数次战役，最终一路凯歌到达陕北，建立了新的抗日根据地。

长征是壮丽的史诗，长征是人间的奇迹，长征是人类精神的丰碑。有人说它影响了世界。书写这一历史大手笔的红军无疑是最伟大的战士和最卓越的队伍，而他们的伟大与卓越源于他们坚定不移的信仰——崇高的共产主义信仰。

■ 有信仰才有发展前途

一个人、一个组织、一个社会、一个国家，都需要有一种信仰，否则就会精神空虚，缺乏战斗力。而对一个企业来说，如果缺乏信仰的话，后果将会很严重，会导致企业无法实现快速健康的发展。市场竞争就是战斗，企业就是军队，一支军队最厉害的不是武器装备、战略战术，而是精神与信仰。

当年八路军将领向国民党将领介绍抗日游击战争艺术的时候，国民党将军卫立煌苦笑着说：“不行啊，我们的兵一撒出去就收不回来了。”为什么呢？就是因为国民党军队是一支极为缺乏精神信仰的军队，撒开之后就会成为一股股的土匪；而八路军的部队分成连排单位单独出去战斗几年后，连排差不多都变成营团规模了，而且部队性质仍然未变，根本的原因就在于精神上有信仰。

美国军事专家有这样一个结论：美国军队不怕解放军在装备上的现代化，因为他们对自己武器上的优势很自信，他们害怕的是解放军的“毛泽东化”，就是解放军从未动摇过的坚定的政治信仰。这个信仰就是邓小平曾经说过的：“中国人民解放军永远是党领导下的军队，永远是国家的捍卫者，永远是社会主义的捍卫者，永远是人民利益的捍卫者，是最可爱的人！”

海尔人为什么能够始终保持旺盛的工作热情和强大的创造力，能够振奋精神、开拓进取、不断创新，从当年制造电冰箱起步到今天跻身于世界500强企业，创造了一个又一个的奇迹呢？就是因为海尔人有一个梦。这个梦就是海尔的信仰：敬业报国、追求卓越。

具有了这个信仰，海尔人就有了激情，就有了不竭的动力，就有了克服困难的勇气。与许多企业相比较，海尔员工的收入并不很高，但海尔人创造性的工作热情却是其他企业无法相比的。海尔技术中心部的张汉奇博士到海尔工作后，曾谢绝了许多外企的高薪聘请。张汉奇这样解释他的选择：“因为有了信仰，所以在海尔我能看到民族工业的明天，我为自己是一个海尔人而自豪。”

信仰的力量是无穷的，人有了坚定的信仰，才能为实现自己的理想而进行不屈不挠的奋斗。假如个人没有了信仰，那么就没有了前进的方向；团队没有了信仰，肯定就不会是一支卓越的团队。

一个企业家带兵，就要向解放军学习，从精神层面来加强团队建设，用信仰来统一队伍的思想，号令队伍的行为。很难想象，一个成百上千几万人的大企业没有信仰将会是什么样的一个状况？可以预见的是，无论拥有多大的规模，其失败或倒闭是迟早的事。

■ 企业要树起信仰的大旗

邓肯说："我爱舞蹈，它是我的信仰。"

巴顿说："我离不开战场，那里有我的信仰。"

卡耐基说："热爱人类、拥抱人类是我的信仰。"

……

信仰，就是邓肯、巴顿、卡耐基等人成功的理由。一个人能不能如愿以偿地成功，就看其有没有实现自己理想的坚定信仰。人有了坚定的信仰，就会具有无比的激情，就会想方设法克服一切困难，就会相信自己一定会成功。

公元前36年，汉将陈汤抓住有利时机，出兵击败了郅支单于，为遇难受辱的汉使报了仇，结束了西汉与匈奴的百年战争，大大提高了汉朝在西域各国的威信。陈汤能够一鼓作气地打败单于，就是因为他是抱着"明犯强汉者，虽远必诛"这个至今让中华民族热血沸腾的信仰去战斗的！

梁山泊在宋江未到之前，不过是一个很普通的山寨，并没有什么特别之处。当宋江上了梁山并提出了"替天行道"的口号之后，山寨就开始焕然一新，引发了各方英雄豪杰纷纷投奔而来的壮观场面，最终使得梁山泊上的108条好汉成为了一个肝胆相照、劫富济贫、屡破强敌的英雄团队。"替天行道"是什么？就是宋江给众好汉树立的一面精神信仰的旗帜。

企业也是一个团队，也一样需要有属于自己的信仰。企业要想聚集起更优秀的成员，要想更长久地生存，都需要具有自己的信仰，在信仰这面大旗下招兵买马、奋勇前进。就像解放军在“为人民服务”这面伟大的旗帜之下，从小到大，由弱变强，从平凡到卓越。

在联想集团的发展史上，曾经有一段最困难的时期，可谓“内外交困”。内部，高层管理人员间的矛盾到了白热化程度；外部，经营环境日益艰难。面对这种岌岌可危的形势，柳传志坚定地高举“振兴民族工业”这面信仰的旗帜，力排众难，一跃成为中国内地最大的品牌厂商，进而出击国际市场。

如果没有振兴民族工业这个信仰的号召，就不会有联想员工的众志成城、同仇敌忾，柳传志也不可能在当时的形势之下一举扭转联想在中国市场的态势，靠20万元本钱、11个创业员工起家的联想也不可能成为今天中国PC界的龙头企业。

卓越源于信仰！精神的力量是无穷的。伟大的信仰会让人超越平庸的人生，走上卓越之路。1992年的一天，尹明善站在那租来的不足40平方米的车间里，向手下的9名员工宣布：我要造出全中国、全世界没有的发动机。虽然当时没有人拿他这豪言壮语当真，但后来却真的实现了。2002年，“力帆集团”开发出了世界独创的V型双缸、水冷、六气门200型发动机。

有了崇高的信仰，个人才能最大限度地实现自己的人生价值；有了坚定的信仰，团队将无往而不胜；有了卓越的信仰，企业将基业常青、永续发展。

四、工作就是需要激情

中国人民解放军自创建以来，所具有的大无畏的英雄主义气概一直是令所有的对手都不寒而栗的最强大的“武器”！高度的使命感和荣誉感造就了解放军勇往直前、不畏强敌、激情飞扬的战斗精神。

因为具有了战斗的激情，所以解放军才能克服一切困难：20个小时急行军240里山路飞夺泸定桥；穿着单衣在零下30度的严寒下潜伏24个小时；在高山密林中连续追赶四个轮子上的美军一个星期；连续40多个小时抗洪抢险，最后整个营都晕倒在大堤上……

因为具有了战斗的激情，所以解放军创造了无数让人匪夷所思的胜利奇迹：一个炊事班送饭后靠着扁担和箩筐俘虏20多个敌人；两个战士缴械一个整营的敌人；1个志愿军战士俘虏63个英国兵；1个连俘虏了国民党的1个团；1个战士击溃印军1个炮连并缴获4门大炮；8个战士俘虏180个印度兵……

■ 做事，就是需要激情

毛泽东说：“人是要有一点精神的。”克劳塞维茨也说过：“历史最能证明精神因素的价值和它们的惊人作用。”……从这些名人名言的论述中，我们至少可以体会到一点：情感在促进一项事业成功中所起的重要作用和所处的重要地位。这种情感置于战斗精神中来理解，就是激情。也就是，具有战斗精神的人，必定是有激情这种情感因素在起作用的人。从某种意义上说，成就一切伟大事业都需要这种激情。

比尔·盖茨说：“每天早晨醒来，一想到所从事的工作和所开发的技术将会给人类生活带来的巨大影响和变化，我就会无比兴奋和激动。”比尔·盖茨的这句话阐释了他对工作的激情。在他看来，一个优秀的员工最重要的素质是对工作的激情，而不是能力、责任及其他。他的这种理念已成为微软文化的核心，像基石一样让微软王国在IT世界里傲视群雄。

军队若想打胜仗，首先得让士兵爱打仗，有打仗的积极性。解放战争期间，为了让战士能明白打仗的意义，解放军搞了“两忆三查”的活动，让战士认识到为了保卫属于自己的一亩三分地，就应该坚决地去战斗。通过活动，战士们纷纷抢着登台向首长表决心，写“决心书”、“请战书”，纷纷表示不怕牺牲，要冲锋在前，要在战场上立功……

战士们的战斗斗志被激发了，整个部队就像要爆炸一样那么士气高涨。一旦战斗开始，高昂的士气就会让部队所向披靡、无坚不摧！

工作，就是需要激情！因为它能激发人的创造力与行动力。有研究表明，如果一个人对工作的积极性高，就能发挥出全部才能的百分之八十到九十；如果一个人对工作没有兴趣，就只能发挥他百分之二十到三十的才能。

人的激情一旦融入到工作中，就能发挥出无穷无尽的智慧和力量。没有激情，任何行为都不可能持续长久。激情能把人身上的全部潜能都调动出来，能使人全身所有的神经都处于兴奋状态，去战胜一切有碍于实现既定目标的困难。

长征途中，红军在渡金沙江时，只找到7条小船和36个艄公，渡江一直持续了七天七夜。但是作为渡江指挥部负责人的刘伯承，在离江边不远的一块大圆石上站过七天七夜。任何一个过江的战士从他身边经过时，都能看见他眼睛里似火的激情。

华为人工作起来不要命，时常深夜加班，吃盒饭，在办公室桌底下打地铺，华为人加班是出了名的。在深圳，有些女孩就认真地说："嫁人不嫁华为人。"因为嫁了，就意味着前半夜会独守空房；而华为的市场人员则更不能嫁了，因为那意味着后半夜还会独守空房。

这种说法或许夸张，但激情飞扬的工作精神是华为人的一个显著标志。正是因为这种"魔鬼"般的没有休息日的工作激情，才使得华为这只"土狼"十多年来，一直处于凶猛无比的扩张之中。

一个人没有点儿工作激情是不行的，一个团队同样如此。工作中的激情就是永不屈服，永不放弃，永不满足现有的一切成就。唯有激情四射、情绪高涨的团队，才能取得伟大的成就。

看看那些如今在商业界呼风唤雨的企业巨头，在创业之初的艰难困苦自不待言，加之那股浩气冲天的激情，让他们一步一步走向了成功，微软如此，沃尔玛如此，国内的联想、海尔、万科、顺驰也都是如此。激情是企业前进的动力，更是成就伟业的根本保障。

■ 给团队注入激情飞扬的战斗精神

高昂的士气是团队的第一战斗力，所以，如何激发员工的斗志和激情就成为企业家如何带兵的重头戏。

一个企业想要建设成为一个能征善战的团队，首先就得要为这个团队注入一种激情飞扬的战斗精神，激发起团队所有成员的激情，这样才能挖掘他们的聪明与潜力，并将他们的力量团结起来，成为一支像解放军那样的不可战胜的团队。

对于保持团队的战斗激情，有着军队经历的柳传志深深地明白这一点。他说："做企业、带队伍的第一条就是要让员工做事有积极性，受到激励，这和让战士爱打仗是一样的。确实是因为这种氛围一旦创造出来就非常厉害，对提高企业执行力有极大的帮助。"

军人出身的任正非也同样十分重视培养团队的激情。在华为，召开员工大会之前，会经常齐唱《团结就是力量》、《解放军进行曲》等革命歌曲。1998年，市场部年终培训结束后，在公司的大食堂里合唱《解放军进行曲》。当时，任正非和全体员工都在台下观看。由于时间紧张，市场部事先没有排练，舞台上又没有扩音设备，大家就那样扯着嗓子唱。任正非自己首先激动起来，站起身来带头唱，下面所有员工也都跟着高歌起来，一时间，饭堂里歌声飞扬，声震四方，使得大家都群情激昂，精神振奋。

一位曾经的华为人深有感触地回忆到，当年在华为玩命拼搏的日日夜夜，哪一次市场会都是热血沸腾，哪一次领导讲话都是感人肺腑，口号、誓言、决心充斥着四周，身心始终处于亢奋、狂热的状态，不知疲倦，不计条件。

"商业竞争就是一场没有硝烟的战争"，成千上万的企业都在争夺市场的这个战场上厮杀。虽然这是一场不流血的光荣战争，却也是一场不留情的战争。决定战争胜负的因素很多，而整个团队的战斗激情则是其中一个决定性的因素。

激情不是万能的，但没有激情是万万不能的。工作激情的巨大精神作用是任何人都不能否认的。激情不是心血来潮、兴之所至，而是一种觉悟、追求和境界。一个企业只有具备了激情飞扬的团队战斗精神，才能信心十足、临危不惧、百折不挠，才能够在市场竞争中夺取一个又一个的胜利。

五、保证完成任务

解放军指战员在接受战斗任务的时候，伴随标准的军礼姿势是一声响亮的回答："保证完成任务！"这表明了坚决执行命令的态度和一定能完成任务的信念。与"没有任何借口"相比，"保证完成任务"更能体现责任、忠诚、服从、勇敢、合作、纪律以及执行的最终效果。

"没有任何借口"只是强调执行，而对能不能完成任务不置可否。比如美军，只要遇到没有子弹、没有干粮、联络中断、突围不了等情况，就会自然而然地举手投降。而"保证完成任务"要求的不只是做到"言必行"，而且还要做到"行必果"。所以，解放军能在装备落后、环境恶劣的条件下生存并取得了一个个伟大的胜利。

"没有任何借口"其实还是有借口，只有"保证完成任务"才是彻彻底底地没有借口。"保证完成任务"是军令状，是要不惜一切代价去完成任务，是解放军战士用鲜血和生命捍卫的神圣誓言。这同样是任何企业谋求发展的意志推动力。

■ 没有任何借口

200多年来，西点军校为美国培养出了3位总统，5位五星上将，3700多名将军。不仅如此，二战之后，西点军校为世界500强企业培养出了1000多名董事长、2000多名副董事长、5000多名总经理与董事，世界上任何商学院都没有培养出这么多优秀的经营管理人才。

美国西点军校能取得如此辉煌的业绩，是因为它始终把“没有任何借口”作为最重要的行为准则。它要求学员要没有任何借口地去完成任务，不要为没能完成任务找借口。

西点军校里有一个悠久传统，就是学员从入学第一天起，就一直被灌输“没有任何借口”的思想。遇到军官问话，只有4种回答：“报告长官，是！”“报告长官，不是！”“报告长官，不知道！”“报告长官，没有任何借口！”除此之外，不能多说一个字。“没有任何借口”强化的是每一位学员想尽办法去完成任何一项任务，而不是为没有完成任务去寻找任何借口，哪怕是看似合理的借口。

人要找借口是很容易的，比如上班迟到，会有“路上堵车”、“手表停了”等很多的借口。如果员工在工作中都喜欢找借口，那结果会是很恐怖的，不知道哪个员工会在关键的时刻掉链子。所以企业家在带兵的过程中，也应该对团队的成员贯彻“没有任何借口”的思想。让员工在工作中多花时间去寻找解决问题的办法，不折不扣地去执行、落实，而不是挖空心思去寻找借口。

2002年，娃哈哈只有1300多名销售人员，相对于可口可乐、统一、康师傅等竞争对手不下于5万人的销售队伍，这个团队的力量实在太悬殊了。但他们没找任何借口，不怕苦，不怕累，长期保持着旺盛的斗志，结果当年销售额超过80亿元，成为中国饮料行业的霸主。

■ 日事日毕、日清日高

中国有个家喻户晓的古代寓言，叫做“愚公移山”。这个寓言蕴涵了很深刻的内涵，就是只要有信心、有毅力，世界上没有不可能完成的任务。正如志愿军特级英雄杨根思的“三不信”精神：不信有完不成的任务，不信有克服不了的困难，不信有攻不下的堡垒。“三不信”的精神本质就是“自己逼自己，不为自己找台阶，不给自己留后路”。

在商业竞争中，一次完不成任务固然不足以导致一个企业的倒闭，但是无论从物质上还是从精神上来说，每次任务失败带来的损失和伤害都是巨大的。因此，做什么工作都能保证完成任务的职工队伍是最优秀的队伍。“订单就是命令单，必须保证完成任务”，海尔人就是用这种意识，使海尔产品在国内外的市场份额不断扩大。

有一次，德国经销商史密斯先生打电话要求海尔必须两天之内发货，否则订单自动失效。两天内发货实际意味着当天下午所要货物就必须装船，而此刻正是星期五下午2：00，如果按海关等有关部门5：00下班计算的话，时间就只有3个小时了，而按照一般程序，做到这一切几乎是不可能的。

“保证完成任务，海尔人决不能对市场说不”。于是，几分钟后，船运、备货、报关等几项工作同时展开了，为的就是一定要确保货物在当天下午发出。时间在渐渐逝去，一分钟、两分钟、十分钟……空气仿佛变得凝固起来，每个人都行色匆匆，全身心地投入到工作中。调货的、报关的、联系船期的……

当天下午5：30，当史密斯先生得到了来自海尔“货物发出”的消息后，改变了他十几年来的一种观念。他发来了一封感谢信说：“我做家电十几年了，还从没有给厂家写过感谢信，可对海尔，我不得不这样做！”

用文化来管理企业，这是张瑞敏的最成功之作。海尔文化里面有“日事日毕、日清日高”这样一条，要求员工每天的工作每天完成，每天工作要清理并要每天有所提高，这其实就是在学习解放军官兵的“保证完成任务”的坚决信念。

■ 执行力才是关键

蒋介石手下不乏很多天才军官，但国民党军队的士兵却不能完成这些战略战术，而解放军的士兵不仅能够保证完成任务，还能经常超额完成任务。淮海战役结束后，毛泽东就十分高兴地说：“没想到一锅夹生饭被你们煮熟了。”一个任务，如果执行人员能像解放军一样漂漂亮亮地完成，这是一件让领导者多么渴望的事情。

研究表明，一个企业的成功，30%靠战略，50%靠执行力，其余的20%包含了机遇、环境等客观因素。只有具备了坚强的执行力，才能使企业创造出成就和财富。联想集团有句著名的口号就是——“5%的希望变成100%的现实”。公司制定的目标一旦确立，他们就要轮番拼打，不完成任务决不罢休。

“执行”这两个字，现在却是很多团队都面对的最大问题。如何执行？怎么让执行更有效率？怎样提高执行力？答案很简单，就是解放军的“保证完成任务”这六个字。

蒙牛在中国的崛起是一个奇迹：十几个人、集资1000万元，用了不到5年时间，到2003年已经成为一个产值50亿、企业价值超过百亿的企业。董事长牛根生先生对创造这一奇迹的解释是：“为了完成蒙牛人‘强乳兴农’的这个光荣任务，管理团队、全体员工都一直在不断地努力，自动自发地工作，不找借口地执行，克服了各种各样难以想象的困难，所以事业才能得到超速的发展壮大。”

“保证完成任务”不是信口开河，不是莽撞行事，而是需要坚定的信仰，需要激情和动力，还需要明确的目标和正确的方法，再加之需要个人的努力奋斗、团队的精诚合作，必要时还要不怕牺牲地去争取胜利，才能够保证完成任务。

六、藐视一切困难

解放军指战员在接受任务的时候，总是坚定地回答：“保证完成任务！”但这并不意味着解放军个个都是神仙，都能够轻而易举地解决问题、一帆风顺地完成任务。

事实上，解放军在由弱变强的过程中一路走来，总是遇到了不少麻烦、难题与困难，但解放军能够藐视一切困难，不被困难所屈服，所以才能在执行任务的过程中克服困难、排除困难，最终战胜困难而完成任务。

■ 狭路相逢勇者胜

1947年8月，刘邓大军千里挺进大别山，直插敌人腹地。在到达汝河的时候，前有敌人重兵把守的天然屏障，后有3个师尾随追击，形势万分险恶。关键时刻，刘伯承大喊："狭路相逢勇者胜！"命令前线主力部队强渡汝河。突击的勇士们喊着"只能前进，不能后退"的誓言，奋勇向前，终于杀出一条血路，胜利突围。刘伯承战后总结时说："打仗就是这样，在关键的地方，要靠勇气才能战胜敌人。"

"两军相逢勇者胜"，这是一个不争的事实。一切军队要夺取战争的胜利，都离不开一个"勇"字，这是最基本的战斗精神。战争实践证明，勇气往往可以转败为胜，化险为夷。正如孙中山曾经说的，"军人到了不怕死，还怕不能打胜仗吗？"

企业也是一样，只有在经营的过程中，藐视一切困难，建立一种敢打硬战的企业文化，才能培育出一支具有战斗力的员工队伍，企业才能由小变大、以弱胜强。

1998年8月，家住四川贡嘎山的某用户想要购买一套变频空调，当他拨通了海尔营销中心的电话后，得到了海尔职工郑明友"没问题，明天一定送货到位"的回答。"天气预报说，明天康定有暴雨……"身旁有人提醒道。"就是下刀子也要想办法送货安装！"郑明友坚定地回答。

第二天，果然下起了暴雨，贡嘎山的山洪飞一般地倾泻下来，即便是柏油马路也有近膝深的雨水。"就是背，我也要把空调背到用户家！"郑明友说到做到。车不能开了，他就租来一辆自行车，仔细地把空调捆绑好，确保不会湿水后，与同事一起把空调送到了20里外的用户家……

■ 一切困难都是“纸老虎”

“红军不怕远征难，万水千山只等闲”。解放军面对困难时，总是以那种“一往无前、英勇善战、视死如归、百折不挠”的大无畏气概，先藐视困难，之后充分认识困难、研究困难，然后克服常人难以想像的艰难困苦，用超乎寻常的意志、毅力，用坚决的行动去克服困难，争取胜利。

“一切反动派都是纸老虎”，当年毛泽东就是这样藐视美国的恐吓的，而且在谈到可能发生的对美战争时，发出了“你打你的原子弹，我打我的手榴弹，最后打败你”的豪言。志愿军战士就是在这豪言的鼓舞下，藐视一切困难，英勇顽强地战斗，将武器装备一流的美军及其率领的“联合国部队”赶出了三八线。

当时很多志愿军战士还没有冬季棉装，在零下40多度的天气下冻得瑟瑟发抖。除了天气的困难，志愿军战士还面临着很多战斗困难：他们经常潜伏一天乃至40多个小时，等待突袭美军，甚至冲锋号响起时有些人已经被冻坏了双腿；他们要以步枪和手榴弹与美军的坦克和装甲车对抗；他们一般最短两天、最长9天才能吃到一顿热饭，其余的时间只能吃到少量的炒面、喝雪水……

与志愿军喝雪水相比，美军甚至埋怨不能每顿都吃到热饭。更重要的差异则表现在战斗意志上，美军的伤亡一旦超过50%，就失去了战斗力，而且将投降看成是天经地义的事情。而志愿军战士不仅绝没有投降的，就是在伤亡90%，甚至只剩最后一个人的情况下，仍然不会被困难所屈服。

解放军的战斗力更多的时候就是表现为坚韧顽强、奋勇冲杀和不惧牺牲的精神，这就是美军称之为“谜一样的东方精神”，是解放军与美军最大的差距所在，也是志愿军能够打败美国军队并赢得对手尊重的最根本原因之一。

在企业的经营过程当中，肯定会遇到各种各样的困难，这是很正常的现象。困难不可怕，可怕的是对困难的畏惧。害怕困难是不可能解决困难的，只有藐视困难，才能最终战胜困难。所以，企业家带兵，就应该带出一支像解放军一样藐视一切困难的队伍。

创业时期的华为，上上下下贯彻的也是“敢打硬仗，不怕艰苦”的英勇精神。那时的华为，员工基本上没有休息日，晚上加班更是非常平常的事。由于长期过度疲劳，许多高层领导都患上了各种慢性疾病。任正非在《我的父亲母亲》一文中还不无伤感地说：“华为的成功，使我失去了孝敬父母的机会与责任，也消蚀了自己的健康。”

任正非非常喜欢把华为与跨国公司的竞争比作“土狼与狮子的战斗”。他说过，企业要扩张，要具备狼的三大特性，一是敏锐的嗅觉，二是群体奋斗的意识，三是不屈不挠、奋不顾身的勇敢精神。正是这种狼性精神，让这个没有任何背景的民营企业迅速成长，并向他们“成为世界一流的通信设备制造商”的企业目标迅速迈进。

■ 藐视一切困难

藐视一切困难，体现在企业身上就是敢打硬战，敢在艰苦的环境中创业。什么样的行动会导致什么样的结果，企业家带出不怕困难敢于胜利的员工队伍，企业才能发展壮大起来。

海尔的前身青岛市东风电机厂是一个濒临倒闭的集体小厂，有800多名员工，全厂只有一名中专生，生产电动葫芦等小的机电产品。1984年时已亏空147万元，企业已陷入发不出工资的困境。其中有100多名员工都想法调走了，剩下的不到700人也人心涣散。

这样的环境够困难的了，但是张瑞敏迎难而上，担起了这个重担。他进厂之后，先用13条纪律杜绝了员工的种种不良习惯；又借钱给员工补发了工资，稳定了军心；接着引进德国“利勃海尔”的技术，向着他的国内电冰箱第一品牌的理想迈进。

“困难像弹簧，你弱它就强”，张瑞敏以及他带出的职工队伍不但没有被困难压倒，经过艰苦的奋斗，还创造出了一个奇迹。现在的海尔集团已成为在海内外享有较高美誉的大型国际化企业集团，海尔多次蝉联中国最有价值品牌的第一名。

“断头今日意如何？创业艰难百战多”。解放军将士都明白，不能怕打仗，也不能怕伤亡。打仗不是请客吃饭，而是暴烈的行为，要奋斗就要有牺牲，打仗就需要不怕流血牺牲的勇气。

军队的牺牲的往往是成员的生命，企业的牺牲虽然很少是生命，但牺牲的东西往往更多：金钱、亲情、时间、健康等等。所以做企业也是一样，不能害怕困难，要有“一不怕苦，二不怕死”的英勇气概，要能够做到“下定决心，不怕牺牲，排除万难，去争取胜利”。

团队的利益高于一切，牺牲小我才能得大我。当35岁的张瑞敏接手青岛电冰箱总厂之后，面对76台有小毛病的电冰箱，下定决心，忍痛用大锤砸毁了这批电冰箱。虽然牺牲了暂时的物质利益，但最终砸出了一个有世界影响力的大公司。

天下无难事，只怕有心人。藐视一切困难的自信能带来战胜一切困难的拼搏精神。勇敢拼搏是一种向上的动力，团队具备了这种精神，就能够在困境中求得生存，在顺境中得到腾飞。

七、服从命令听指挥

毛泽东说："日本敢于欺负我们，主要的原因在于中国民众的无组织状态。"（《论持久战》）解放军的缔造者毛泽东高瞻远瞩，很早就认识到了纪律的重要性，所以解放军从一开始就特别强调纪律的重要性。早在井冈山时期，毛泽东亲自制定和颁发了的《三大纪律八项注意》就成为了红军铁的纪律。

即使在条件十分艰苦的长征途中，红军战士依然不折不扣地遵守《三大纪律八项注意》，与军阀土匪的一路抢掠有着天壤之别。红军战士始终能够做到"不拿群众一针一线"、"买卖公平"、"借东西要还，损坏东西要赔"……正是这种秋毫无犯的纪律，使红军得到了最广大群众的支持，沿途不断有新兵加入到队伍中。红军经过之处，人们都以能参加红军为自豪。

■ 纪律是团队文化的精髓

1951年冬，志愿军某师向美军进攻。因为武器不如美军，必须展开近战，所以志愿军将士于夜间潜伏在距敌最近处。一个连队悄悄潜伏下来，整整一晚上。那晚天降大雪，天气极其寒冷。天亮时，志愿军的冲锋号吹响了，可潜伏的100多个战士没有一个能跃起来。原来，他们全部因严寒而被冻死了，但至死他们仍保持着战斗队形。后来，毛泽东听到了这件事的汇报，当即脱下帽子，站立，久久不语。

解放军战士就是如此坚决地遵守战斗纪律，比世界上、历史上任何一支军队都出色。战争是千变万化的，作战计划可能随时更改，如果战士没有绝对服从的纪律观念，战术就得不到实施，胜利就无从谈起。四渡赤水时，没有多少战士知道自己到底在做什么，只知道在按照命令行军——铁一般的纪律保障了行军策略的执行。

一个团队、一个企业，都会有着自己的一些规章制度，这就是企业的纪律。无论是部队还是企业，严明的纪律是团队高效率运转的首要前提。

英特尔就把“注重纪律”列为公司六大价值观之一，他们充分意识到了纪律的重要性。曾任英特尔公司华裔副总裁的虞有澄就说：“纪律能让企业像军队一样，每一天都是在井然有序中高速运转，严谨的纪律是企业制胜的关键。”

华为在创业初期，根本没有任何销售方面的制度。其销售人员凭借自己对销售的理解去争夺用户的订单，管理客户资源。但是随着销售队伍的扩大，销售区域的增多，华为觉得如何管理巨大的营销团队和客户资源成了一个必须解决的问题。这个时候，华为及时推出了《华为人行为准则》、《华为员工职业道德规范》，对营销人员的行为做出了基本的规范。

后来，华为又陆续出台了人力资源管理制度、财务与资金管理制度、流程管理制度和营销管理制度，使得华为的营销制度日趋完善。但是这所有的制度都很独立，缺乏一个统一的制度思想作为公司制度的灵魂。

于是在1997年，《华为公司基本法》应运而生。该法共6章，103条，包含了：公司的宗旨；基本经营政策；基本组织政策；基本人力资源政策；基本控制政策；接班人和基本法的修改等等。

华为的纪律建设经历了从无到有、从局部到全局的过程。可以这样说，华为是随着纪律一步步的健全而一步步发展壮大的。

一个企业的工作说来也非常简单，就是把已经制定的计划去变成现实，也就是执行。如何执行是一门大学问，但纪律是不可缺少的，它是保证执行力的先决条件。所以，纪律的严明更应该体现在服从与执行上面：下级服从上级、部门服从公司、公司服从集团，对上级布置的工作必须不折不扣地执行。

一支富有战斗力的军队，必定有铁一般的纪律；一个合格的士兵，也一定具有强烈的纪律观念。纪律，才是团队文化的精髓。团队如果没有纪律，就不能称其为团队。任何一支伟大的团队，必然拥有严明的纪律和一群非常遵守纪律的成员。

■ 加强纪律性，革命无不胜

每个团队建立之初的第一件事情，就是制定明确的纪律规范。没有规矩不成方圆。团队是人的组合，人都有自己的思想和行为。但是团队却要力求避免这种个人的思想和行为的自由发散，要求步调一致，这样才能最大限度地凝聚起团队的战斗力。

海尔有着著名的“13条”，包括不许打骂人、不许在工作时间抽烟喝酒、不许在车间大小便。现在看起来的荒唐笑话，却是当年工厂实实在在的情形，由此可以想像那时海尔员工的整体素质水平。是什么改变了海尔人？就是纪律！

海尔空调器总公司是海尔集团大型骨干企业之一，其前身为青岛空调器厂，因资不抵债被并入海尔。最初，被兼并企业的这些员工人心涣散、作风懒散。针对这种管理松散的状况，海尔出台了一系列严格的管理措施，抓现场的、抓纪律的、抓管理的……严明的纪律使得整个空调厂脱胎换骨成为了一个生机勃勃的现代化企业。

在总裁张瑞敏眼里，由众多大公司集合起来的集团运作，需要一种有纪律的计划和行动，以便统一面对市场，实现卓越经营，所以海尔从创立最初就非常强调员工的纪律意识。现在，海尔的员工很少有上班迟到的。为了不迟到而打的去上班，这被看做是天经地义的事情，因为如果不及时赶到，便是违反了纪律。

波士顿咨询公司的全球总裁保罗·博克纳曾经说：“在不确定的时代下，中国企业必须明白战略计划是个不断更新的过程。中国很多企业其实具有很好的战略，但缺乏执行，很多好的战略并没有付诸实施或实施不到位。中国企业要进行战略管理必须注意的三条原则就是：要有优秀的人才，要很努力地工作，并具有良好纪律。”这就是著名的“不确定时代下的企业管理三原则”。

在国内企业界，很多成功大企业的领导者都曾经有过军旅生涯，海尔、华为和联想的领导人张瑞敏、任正非和柳传志都当过兵，他们的共同点是创业初期都纪律严明，实施严格管理，对制定的路线和方针必须坚决执行，管理上必须绝对服从，不讲客观，不讲条件，不讨价还价，上下思想统一，步调一致，就像军队一样。联想还形象地把这些比喻成“斯巴达克方阵”。这样的严明纪律确实是他们取得成功的重要因素。

在联想集团，治军严谨的柳传志规定，凡是召开会议，所有的人都不准迟到，否则，迟到者就将被责令在前面站上一分钟，会议也停下来奉陪。据说有一次，柳传志迟到了，他二话不说，在前面站了一分钟后再来主持会议。这一做法数十年如一日。如今联想开会时，依然会看到有一两个人是“挂”在那儿的。联想的纪律还体现在每年上千人的誓师大会上，全体全神贯注地开会，绝对听不到手机铃声。

任何企业家都想带出一支作风过硬、纪律严明、特别能吃苦、特别能战斗的职工队伍。但想要将一群人变成一个十分具有战斗力的团队，就得加强团队的纪律建设。团队是所有团队成员的集合，从一盘散沙到具有战斗力和凝聚力的团队，靠的就是纪律。

正如毛泽东所说：“加强纪律性，革命无不胜。”铁的纪律是一个团队能够生存与战斗的保障，优秀的企业必须是一个组织纪律严明，极具生命力的、能打大仗、敢打硬仗的正规军。自由散漫永远不会打造出一流的员工，只有纪律才能保证一个企业是优秀的团队。

八、得人心者得天下

淮海战役中，一批被俘的国民党将领被送到华东军区解放军军官训练团学习改造。当讨论到淮海战役中国民党为什么失败时，被俘的第八军军长周开成说是天公不作美，一场大雪，让“国军”的坦克、飞机、大炮等现代化武器的发挥受到了阻碍。

第四十四军军长王泽浚不这么看，他说，我被俘后，从沂水送到益都，一路上我被大批的民工、民夫所吸引。他们挑着、推着、扛着、抬着，送粮食、运物资，浩浩荡荡，络绎不绝。他们是一路小跑一路唱。生活条件很艰苦，情绪却那么高涨。他们为什么干得那么起劲？更使我感到奇怪的是没有一名解放军在旁边看押，民工中有人带了枪，也是自卫的武器。再看看我们国军，一到哪里老百姓都跑得精光，即使抓到一些民夫，也要派兵看押。抓来的民夫越多，看押的士兵就越多，能打仗的部队也就越少。而解放军则不然，民工民夫越多，粮食、弹药、物资等就越有保障。想来想去，我终于想通了，国民党失败的原因，不是天公不作美，而在于失掉了民心。

■ 得人心者得天下

得人心者得天下，这是中华民族5000年无数次王朝更替证明了的铁的事实。对于一支军队、一个团队来说，最大的制胜法宝就是——民心！

广东威力集团在10年的时间中，从员工不足300人、产值不过百万元的小农机厂，一跃成为拥有4000多名员工、在国内洗衣机行业坐第一把交椅的大型企业集团。其成功的奥秘，很大程度上就是得到了民心。

10年间，威力花费数千万元的巨资，在全国建立了588个特约维修站，培训维修人员5000余人次，形成了遍及全国的服务网络，方便用户的维修。同时，在国内首家实行独特的售后服务：只要用户要求，可由企业先寄零配件，再通知收取成本费，不惜冒收不回货款的风险以确保用户的急需。此外，在1991年与1994年，威力两次在华东、华南遭受特大水灾的情况下，独家打出赈灾义修的大旗，斥资400万元，顶风雨，踏泥泞，把企业对民众的情义，送给饱受水患之苦的灾民。

正是这样全心全意地“为人民服务”，所以威力的市场越来越大，效益越来越好，企业得到迅速壮大发展，成为国家的骨干企业。

1917年，毛泽东在写给黎锦熙的信中写道：“欲动天下者，当动天下之心，而不徒在显见之迹。动其心者，当具有大本大源。”

在解放军创建之初，为了让这支红色军队具有战斗力，能够生存与发展，高瞻远瞩的毛泽东就向参加秋收起义的部队指出，我们是工农群众的武装，要为工农群众打仗。1945年，毛泽东在《论联合政府》中，对解放军的建军宗旨则做了系统的概括，他说：“紧紧地和中国人民站在一起，全心全意地为中国人民服务，就是这个军队的唯一的宗旨。”

正是在这唯一宗旨的指引下，红军在长征途中，军纪严明，秋毫无犯，深受广大人民群众欢迎。即使部队处于艰难困苦的境地，战士们不得已到地里掰包谷吃，每掰一个，也要在包谷株的枝丫上卡一枚铜板，所以，红军得到了人民最真心的拥护与支持。他们每到一处，都有群众烧茶送水，筹钱筹粮，不少人争着当向导，大批青年踊跃参军。许多因伤不能继续前进的红军，都留在了老乡家中疗养。

1949年新中国成立之时，毛泽东讲话中用得最多的词语是：“人民力量”、“依靠群众”、“人民群众是真正英雄”，各种场合一遍又一遍地重复，因为他很清楚新中国是怎么得来的。

“得民心者得天下，失民心者失天下”，军队是如此，企业更是如此。企业生存的根本在人心，为人民服务的态度能让企业得到人民群众的充分信任与支持，由此可以团结人才，形成强大的凝聚力和执行力，赢得客户的信赖和市场的认可。否则，产品卖不出去，服务没人接受，那么一切努力都是白搭。

■ 绝不能让用户失望

毛泽东曾经说，满足了群众的需要，我们就真正成了群众生活的组织者，群众就会真正围绕在我们的周围。1949年3月，毛泽东把进北京当成“赶考”。他曾说，退回去就失败了。我们决不当李自成，我们都希望考个好成绩。同时告诫各级领导干部：脱离了群众，群众不再拥护和支持我们，我们就会失败。

科龙电器公司一直是一个不错的企业，信仰“实业报国”的简单理念，经营业绩也一直很好，但自从被格林柯尔收购后，科龙便开始发生了根本的变化。因为格林柯尔的主人顾雏军丝毫没有真正关心企业的发展，更不会关心企业能给群众带来什么利益。顾雏军有的只是蚕吞国有资产和中小股民利益的贪婪本性，只想巧夺、骗取企业的利益，因此才导致科龙陷入了艰难的境地。

与之相反的是海尔人，他们一切为用户着想，快速排除用户的烦恼，对用户保持零距离服务，服务理念就是“您的满意就是我们的工作标准”。

海尔生产的第一代电冰箱是“琴岛·利渤海尔”，上市后，不少客户反映有质量问题。原来问题出在说明书上。电冰箱的生产技术是从德国引进的，随机配放的产品使用说明书也是直接翻译德国厂家的。因为德国人基本不存在不会使用电冰箱的问题，所以，说明书的编写非常简单。而中国的客户大部分都是第一次使用电冰箱，从说明书上根本看不懂应该如何使用。

是抱怨客户素质差，还是基于客户的情况重新设计说明书？张瑞敏发动技术人员、销售人员、售后服务人员进行深入讨论，大家对“客户永远是对的”有了更深刻的理解，于是，他们挑选了最优秀的技术人员，在最短的时间内，编写出初中文化以上程度的使用客户一看就懂的产品说明书，深受客户的好评。

1998年，一个西安的用户到北京出差，在商场，他与海尔新一代超薄滚筒机“小丽人”“一见钟情”，回到西安后就准备购买。但因货源紧张等种种原因，“小丽人”在西北地区还未曾上市。当海尔知道此事后，总部表示“绝不能让用户失望”，于是，海尔将一台“小丽人”从青岛千里迢迢地运往西安。用户被感动了，他绝没有想到，海尔会为他一个平民百姓专程送洗衣机。

在海尔的售后服务中心，有着这样一条规定：到用户家去服务，不能喝用户家的水。无论再热的天，海尔的维修工人都是自带矿泉水。对于这样的规定，不少用户都觉得不近人情，认为喝点儿水算什么？这是人之常情嘛。但是海尔对这条制度始终坚持不改变。

1998年，海尔在全国建立了电话服务中心，开通了“800”免费服务电话，无论电冰箱、彩电、洗衣机、热水器等出现任何问题，海尔的态度就是：“只要你打一个电话，剩下的事由我们来做。”用户在享受到海尔的上门安装服务和上门维修服务后，还会收到一个电话，询问工作人员服务态度、服务质量等情况。如果有人在用户家吃了饭甚至喝了水，那么他的这份工作也就丢了。

要知道，海尔在转产电冰箱时，在规模、品牌等方面都是处于绝对劣势的。海尔靠什么在严峻的市场上杀出了一条血路？表面上看来是靠质量、售后服务等方面的优势，归根到底，靠的是全心全意为人民服务的企业态度。这种态度为海尔赢得民心，也因此赢得了市场。

企业与广大的人民群众的关系，其实是一种鱼与水的关系，企业是鱼，人民群众是水，鱼是一时一刻也离不开水的。企业只有得到群众的认可与支持，才有生存与发展的可能。要做到这一点，只有像解放军那样时刻为人民着想，全心全意为人民服务，舍此无他。

第三章
执行力从基层抓起

金字塔的宏伟壮观，是因为其庞大而坚实的底座。一个企业的真正生命力就在于最基层的员工。基层建设抓得牢，企业团队才会具有强大的战斗力在市场上搏杀。

一、选择优秀的团队成员

“铁打的营盘，流水的兵”，解放军每年都会征召新兵入伍，以补充老兵退伍留下的空缺。征兵工作历来就是加强国防和军队建设的头等大事。优秀的新兵入伍，能够提高军队的战斗力，保证解放军的革命化、现代化和正规化建设。所以，解放军在选择新成员的时候是非常慎重严格的。

《征兵工作条例》中指出：“征集新兵，是加强部队建设、保卫社会主义祖国的一项重要工作，各级人民政府和各级军事机关应当认真做好。征兵工作直接关系国防和军队的现代化建设。各级各部门必须从国家和军队建设的全局出发，切实把征兵工作作为一项严肃的政治任务来完成。”

在企业里，同样每年都会有员工自然的流动，这会形成一定的职位空缺。同时随着企业的壮大，也同样要求投入更多的员工进去以满足生产的需求。企业要发展，关键在人才。如何选择优秀人才使其成为自己团队的成员，这是一个极其重要的课题。

■ 人品第一

解放军在征兵工作中，始终将政审工作作为一项极其重要的内容。《征兵工作条例》第22条明确规定：

县、市征兵办公室对准备批准服现役的应征公民，应当逐个进行政治复审，严格把关，切实保证新兵政治可靠，防止把不符合政治条件的人征入部队。

各级地方政府也是本着对国家和人民的高度负责，坚持三级政审和区域联审的工作制度，对新兵认真细致地逐个审查，不放过任何疑点，确保新兵在政治上绝对可靠。而且，对政审不严，造成政治退兵的，要按照“谁政审，谁负责；谁签字，谁负责”的原则，追究当事人的责任。

如果说新兵身体不合格是次品的话，那么政审不合格就是危险品了。如果不加强政审工作，让这些危险品混入部队，会给军队建设和国防建设带来严重的隐患。比如1931年中共特科负责人顾顺章的叛变，不仅使共产党早期的杰出领导人蔡和森、恽代英等人不幸殉难，还直接危害到在上海的中共中央的存亡，给革命带来了巨大的损失。

杰克·韦尔奇的选人观就是将“正直”放在第一位的。在用人中，杰克·韦尔奇是这样做的：人品好，工作能力强的，留下来培养，作为公司领导层的后备人才；人品好，工作能力一般的，留下来培养，提高其工作能力；人品不好但又非常能干的，坚决开除，因为对于公司来说，员工的品质是最重要的。

其实，世界上很多顶级的CEO都把忠诚、正直、责任感这些人的优秀品质作为招聘员工的首要条件。因为只有人品优秀的员工，才能真正以企业为家，真正关心企业的兴衰成败，认真思考企业的经营发展之道，将自己全部的智慧奉献给企业，将自己彻彻底底融入于企业之中。

台南最大的企业集团台南纺织，用人原则就是“品德第一，才能第二”。新员工能力不够的话，他们会积极给予培养与训练；可是如果品德不好的话，他们坚决不用。因为品德不好的员工，轻则影响企业的信誉，重则会危及整个企业的生存。他们一向认为：学问好不如能力好，能力好不如做人好。

因为招聘员工的时候坚持将品德作为第一要求，所以台南纺织的员工队伍非常廉洁，没有贪污公款、吃回扣的现象。有一位卖机器给台南纺织的商人，他要送回扣给采购员，结果遭到了拒绝，这在台湾商界是很少有的例外。

“部队行军，速度最慢的人决定前进的速度”。这是一句流传已久的军队俚语。这句话与著名的“木桶理论”的意思是一样的：木桶由许多块木板组成，木桶盛水的多少不是取决于最长的木板，而是取决于最短的木板。

对于军队来说，如果招来了一些政治、身体、文化等素质不高的新兵，提高部队的战斗力就会成为一句空话。对于企业来说，如果招聘来的部分员工在人品、能力上有缺陷，那么就会严重制约企业的发展。

因此，企业在招聘、选择团队成员的时候，一定尽量避免找到那些“速度最慢”、“板子最短的”新人，那样会拖住整个团队的后腿。而是应该努力做到招聘来的全部是优秀的人才。只有每一个员工都是优秀的，整个团队才会是一个超强的团队。

■ 选择什么样的新成员

美国经济学家舒尔茨曾估算，物力投资增加4.5倍，利润相应增加3.5倍；而人力投资增加3.5倍，利润将增加17.5倍。人是各种生产要素中最活跃、最具有创造力的要素。《执行》一书的作者博西迪也非常看重企业的“征兵”工作，他说：“我坚信，我们所做的任何事情，没有比聘用和发展员工更为重要的了。这是因为，你的最终依靠是员工，而不是战略。”

人是企业生存最根本的东西，选择什么样的新成员是每个企业家都要严肃对待的大事。只有招来的员工是优秀的，企业家才容易带出一支优秀的团队。所以，必须在企业建立起人才招聘的严格标准，才能确保把合适的、优秀的人才招进企业中来。

青岛啤酒股份有限公司是国家特大型企业，是中国历史最悠久的啤酒生产企业。他们根据自己的定位和业务发展的需要，在选拔新职员时，对人才的要求是：

（一）忠实于基本并且从中探求事物本质与真理的纯洁的人。

（二）广博的学识虽然重要，但具有创新精神更重要。

（三）具有执著精神，工作全力以赴的人。

（四）拥有谦让和协作精神的人。

（五）向着世界最高水平不断挑战的人。

杰克·韦尔奇在《赢家是这样炼成的》一书中指出，要让企业能“赢”，没有比找到合适的人更要紧的事情了。没有优秀的人才，世界上所有精明的战略和先进的技术都将毫无用处。

杰克·韦尔奇认为，招聘到好的员工是件困难的事情，招聘到优秀的员工更是难上加难。怎样才能招聘到优秀的人才呢？杰克·韦尔奇多年以来形成的选人心得是：3个考验，4个E，1个P。

3个考验是：正直、智慧、成熟；

4个E是Energy（积极向上的活力）、Energize（激励别人的能力）、Edge（决断力）和Execute（执行力）；

1个P就是Passion——激情。

二、革命熔炉：军队是所大学校

解放军不仅是一支战无不胜的武装力量，而且还是革命的大熔炉。在解放军这个革命的大摇篮里，培养出了众多的军事家、政治家，中国的命运在很长一段时间内就是掌握在这群精英手中的。

即使参军前还是一个目不识丁的农民，经过解放军这个大熔炉的熏陶与锻炼，一样可以成为优秀的战士、杰出的领导者。一代名将粟裕从未上过军校，就是在解放军这所大学校里，从士兵一步步成长为了解放军的第一大将。

■ 培训是超值投资

军队不仅能打仗，还能培养人才，这一点，企业家应该好好向解放军学习，将企业作为一个培养人才的摇篮。现代企业，比拼的不再是机遇，也不再是产品的价格，而是能否持续发展，能够持续发展的本钱就是人力资源的质量和数量。

大北农集团在培养员工方面，有着独特的观点——公司是学校，领导是老师，同事是同学，工作是作业，工资是助学金。在这种“企业是学校”的企业文化氛围下，员工们如同在学校读书一样，共同学习，互相帮助，共同提高。因此，这个2万元起步的小公司，一跃成为了产值7亿元的大型高科技农业企业集团。

如何聚集人才，招聘当然是一个办法，但建立内部人才培养成长机制才是用人之本。企业如果自己来培养人才，不仅会人才众多、成本低，而且企业自身培养出来的人才对企业有感情，容易取得共识，管理效率能得到很大的提高。

松下幸之助不仅说过“事业的成败取决于人”、“没有人就没有企业”等重视人才的话，还表达过“争取人才最好不要去挖墙脚”、“松下电器公司是造就人才的公司”这种企业本身要培养出人才的用人原则。

西门子公司认为，企业的竞争力靠的是全体员工，而不是少数几个人。只有全体员工都能胜任自己的工作，企业的目标才能变成现实。而要想使全体员工出色地完成当前和今后的工作，就必须对全体员工进行持续不断的培训。

西门子对内部人才的培养是战略性、全方位的，深入到公司的各个部门、各个层次。他们对管理人员的选拔、技术人员的培养、员工队伍的训练都有一套成熟的政策。其终极目标就是，让最合适的人在最合适的时刻，以最优秀的专业技术和能力，出现在最需要他的岗位上。

为了加强对各级职工的培训，西门子与许多高等院校建立了长期的紧密的联系，公司内部也设有管理人员培训部，设有1个管理干部培训中心和13个基层管理培训中心。此外，公司每年要送一些职工到有关学校进行学习。

因为肯在员工培训上下苦工夫，西门子员工自身的能力和素质得到了提高，从而使西门子公司建立了一支精干的员工队伍与中层管理者队伍，增强了企业的竞争力。

对员工的培训需要企业拿出不少数目的资金，为什么优秀的企业以及企业家还乐此不疲呢？因为他们看到，通过内部培训，职工的素质和能力提高了，他们的积极性、创造性、工作业绩也会相应提高，这必然给企业带来效益与发展。

培训是一种投资，而且是企业最有价值的投资。早在20世纪80年代，电信业巨头摩托罗拉公司就曾做过一项关于培训收益的调查。调查结果表明，每1元的培训费用，在3年内可实现40元的生产效益，这足以证明培训人才的重要性。

为什么一些房地产开发商只是昙花一现，一两年辉煌之后就风光不再，而万科却能够连续15年销售额持续地增长呢？因为董事长王石清醒地认识到，万科要实现永续经营，一支忠于职守、精于专业、勤于工作的职业经理队伍是必不可少的。为此，他们一直不遗余力地培训每一名员工。

万科每一次对员工的培训，准备工作都非常严谨，无论是对培训计划、培训教材、培训讲师、培训设备、培训环境甚至课桌的摆放方式都考虑得非常周到。而且，万科对员工的培训是贯穿始终的，从员工入职一直到退休都在对他们进行培训。因为万科重视人才的培养，也为整个房地产行业培养了不少的精英人才，因此获得了一个光荣的称号——“地产界的黄埔军校”。

■ 培训的意义

在解放军队伍里面，一位新兵入伍不久之后，其思想作风、精神状态、举手投足都会有着脱胎换骨般的变化。无论过去是什么职业、什么文化水平、什么样的家庭背景，参加解放军之后，就会成为一个成熟精干、乐观向上、坚毅刚强的解放军战士。所以，老百姓由衷地称赞说："部队是一所大学校、是一座大熔炉。"

如果解放军队伍不拥有众多德才兼备的人才，是不可能打败无数个强敌、建立一个新中国的。解放军的众多人才从哪里来？不是天上掉下来的，也不是借来的，而是自己实实在在培养锻炼出来的。最初参加红军的那些放牛娃、烧窑工、泥腿子……不少人后来都成为了将军、司令。而且，不仅仅是军事人才，解放军还培养出了众多的政治、文化、党务等人才，这些人才都是开创新中国、建设新中国的骨干力量。

解放军的伟大不仅仅是因为它所取得的成就，也在于它是革命的大熔炉——培养出了那么多优秀的人才。企业呢？也应该是一所大学校，将培训员工、提高员工的技能与素质视为义不容辞的责任。

众所周知，华为是一家非常成功的企业。他们对员工的培训也是相当成功的，有人说华为就是一所不在编的MBA大学！他们将一批又一批的大学生培养成了人才，不但为自己解决了各层级管理人员的使用与储备，减低了外聘人才的高成本问题，还为社会培养了大批的人才。

成功的企业总有着相似的成功原因。海尔集团自创业以来，也是一直将培训人才放在工作的首位。"干什么学什么，缺什么补什么，急用先学，立竿见影"。上至集团高层领导，下至车间一线操作工人，海尔根据每个人的具体情况制定了个性化的培训计划，提供了充分的培训机会。

"下级素质低不是你的责任，但不能提高下级的素质就是你的责任！"在海尔，对于各级管理人员来说，培训下级是其职责范围内必需的项目，这就要求上到集团总裁、下到班组长每位管理者都必须为提高部下素质而搭建培训平台，提供培训资源，并定期对部下进行培训。

为培养出国际水平的管理人才，海尔还专门筹资建立了用于内部员工培训的基地——海尔大学。同时与国内外著名的大学、咨询机构以及知名企业的近百名专家教授建立起了外部培训网络。

海尔建立了一套完整的人才培训机制，最大限度地激发了每个人的潜力，使人力资源得到充分的开发利用，从而使企业保持了高速稳定的发展。

当今社会是个飞速发展的社会，一个企业能否取得成功，更加取决于这个企业员工的知识、能力，取决于他们的创造性和主动精神，取决于他们的工作效率和工作业绩。培训的意义就在这里，能够更新员工的知识，提高员工的能力，激发员工的激情，培养团队精神，给企业注入新的活力。

培训是企业发展的必备需求，是企业家带兵的必然要求。也许，培训不能完全保证企业长盛不衰，但不培训肯定会导致企业的最终灭亡。

三、工作就怕“认真”二字

20世纪30年代，鲁迅先生曾批评过国人不认真，他说：“中国四亿人生着一种病，那名称就是马马虎虎。不医好这个病，是不能救中国的……应该学习认真，除去这一味药外，没有别的药了。”另外，胡适先生也曾经写过一篇《差不多先生传》，说的是中国人在做事情的时候，为了大家的面子，都不会太认真。可见，认真精神在中国并不是值得夸耀的传统。

毛泽东说："世界上怕就怕'认真'二字，共产党就最讲'认真'。"解放军真正摆脱了马马虎虎和差不多的思想，真正形成了认真精神。在长期革命和建设的过程中，解放军正是靠着这种认真精神一步一步地走向胜利的。

这种认真精神，体现到了每一个细微之处。解放军战士的被子是世界上叠得最整齐的被子，人们把它形容成"刀切的豆腐块儿"。战士的宿舍内，所有物品都是摆放一致的，甚至连牙刷的摆放方向都是统一的。没有认真精神，绝对不能做到这一点。

■ 认真才能做好事

南京军事学院的首批758名学员绝大多数都是师级以上年轻干部，都是令敌军闻风丧胆的英雄、功臣。可是俗话说得好，即便是雄狮，身上也会有虱子。这些将领大多出身农民，又长期生活在游击环境里，自由散漫、不拘小节惯了。于是，无故不上课、随时开溜、上课抠脚丫子等现象比比皆是。

毛泽东对这种自由散漫的作风十分生气，他怒斥道：游击队不可冒"油"，野战军不可撒"野"。于是，刘伯承决定整肃校风。他要求学员认真执行我军的三大条令——《内务条令》、《队列条令》、《纪律条令》，很快使学院的风气焕然一新，使南京军事学院成为人民解放军名副其实的最高学府和将军的摇篮。

在这个世界中，任何人、任何团队都不能回避"认真"二字。在现代企业中，认真精神同样不可或缺。第二次世界大战后的德国和日本，正是凭借着整个民族的认真精神，在很短的时间内取得了经济的腾飞。因此，企业家带兵，不仅自己要认真，而且还要让员工做到认真，只有“认真”才能有所成就。

■ 有缺陷的产品就是废品

解放军中有个神炮手叫赵章成，他通过严格认真的训练，结合自己的天赋和战斗经验，练就了精湛的迫击炮操作技术。红军强渡大渡河的时候，双方展开激战。18勇士登岸后，没有可依托的阵地，完全暴露在敌人密集的火力之中。而红军这时只剩下4发炮弹了，而这4发炮弹可以说是决定中国红军命运和中国历史的炮弹，一发也不能浪费。

在决定战斗胜负的关键时刻，赵章成让这4发炮弹的作用发挥到了极致，起到了力挽狂澜的作用。第一炮和第二炮直接炸塌了敌人的两个火力碉堡，第三炮在反扑的敌人堆里爆炸，第四炮直接命中了敌军压阵的指挥官。于是18勇士占领了有利地形，第二船勇士也登了岸，守敌弃阵而逃。

在战场上，生命只有一次，机会只有一次，所以绝对不能出错，甚至一个十分微小的错误，都会导致整个战役的失败。要想不出错，就只能认真，像赵章成那样认真训练、认真打仗，没有任何捷径可走。

当年面对76台稍有瑕疵的电冰箱，张瑞敏没有得过且过。他强烈意识到，企业虽然提出了质量理念，但大部分员工的工作没有认真精神。“认真”这个问题解决不了，是永远都不可能提高质量的。于是，张瑞敏果断地当众砸掉了有质量问题的电冰箱，也将员工思想里面固有的“马马虎虎”、“差不多”意识砸得粉身碎骨！让员工对“有缺陷的产品就是废品”的理念有了刻骨铭心的理解。

砸完电冰箱之后，张瑞敏利用砸电冰箱的震撼余波，及时地提出“零缺陷、精细化”、“零抱怨、零起诉”等管理理念来教育员工工作要认真。在接下来的一个多月里，张瑞敏发动和主持了一个又一个的会议，他让员工们讨论：怎样工作才不会影响产品质量？我该如何提高质量？

通过讨论，员工对马马虎虎的坏习惯进行了深刻的内省与反思，“工作要认真”的心态得到了广泛的认同，使海尔的产品、服务等内部各项工作都上到了更高的质量平台。

■ 1%的错误会导致100%的失败

在英阿马岛之战中，阿根廷的“圣·路易斯”号潜艇发射过6枚SST—4线导鱼雷，可惜无一命中目标。原因是一位火炮军官在潜艇火控系统维护保养时，误把发射管中为鱼雷提供电源的双相直流插头极性接反，致使鱼雷出管后失去航向基准，只能在海里乱窜。假如火炮军官工作认真一些，不把这些鱼雷的电极接反，英海军舰队将会遭到灭顶之灾，马岛之战或许会是另一种结局。

这就是典型的“1%的错误会导致100%的失败”，所以企业家必须要求员工在工作中认真，甚至是吹毛求疵的较真。有着认真习惯的员工，会把认真精神贯彻到工作中的每一个细节中，会在工作上一丝不苟并且追求精益求精。他们不管在哪个岗位、做什么事情，都追求完美，追求卓越，以一丝不苟、严谨细致的态度，扎扎实实、认认真真地把工作抓紧、抓实、抓出成效。

任正非在《致新员工书》中就告诫年轻人工作要认真，他说：“学习日本人的踏踏实实、德国人的一丝不苟的敬业精神。真正在生活中能把某一项技术精通就是十分难的。你想提高效益、待遇，只有把精力集中在一个有限的工作面上，不然就很难熟能生巧。”

中餐中有那么多以鸡肉为主料的菜，诸如辣子鸡、文昌鸡、白切鸡、手撕鸡、炖土鸡等，哪一个口味不比肯德基的麻辣鸡块好吃？但因为中餐没有在管理上认真，没有在细节上规范，所以在与肯德基的对阵中，很快就败下阵来。

■ 把简单的事做好

张瑞敏在比较中日两个民族的认真精神时曾说：如果让一个日本人每天擦桌子6次，日本人会不折不扣地执行，每天都会坚持擦6次；可是如果让一个中国人去做，那么他第一天可能擦6次，第二天可能擦6次，但到了第三天，可能就会擦5次、4次、3次。到后来，就不了了之了。

有鉴于此，张瑞敏无不感慨地说：“什么是不简单？能把每一件简单的事做好就是不简单；什么是不平凡？能把每一件平凡的事做好就是不平凡。”在海尔厂区上下班时，工人走路全部靠右边走，没有其他企业员工潮进潮出的现象。海尔人的认真劲，在这样一件小事上就体现出来了！

有一个外商准备在中国投资，在全国考察了好多企业，最后初步确定了三家，其中包括海尔。外商到海尔看了以后，什么话也不说就走了。开始海尔以为对方不愿合作，可一天之后，对方发来传真表示愿意合作。原来外商只是摸了一下海尔车间里面的模具，结果没有摸出灰来，就冲这一点，他们就愿意与海尔合作。

“认真做一根质量过硬的针，也比只会制造一台糟糕的蒸汽机要好”。张瑞敏一直要求所有员工必须将每一件事认真做好，虽然很难，但是必须做到。海尔就是把简单的事认认真真干了20年，所以才有了今天的功成名就。

为什么不同的企业，一样的生产线，一样的图纸，一样的工艺，做出来的产品就不一样呢？原因就是因为有没有做到“认真”二字。如果一个企业马虎成风，管理者做事大大咧咧，员工工作时吊儿郎当，那么这个企业离破产的日子就不远了。

因此，企业家一定要让员工认真起来，从做小事开始，认真做上个20年。

四、思想工作要做通

自古以来，许多国家的军队将领在带兵中都注意对士卒进行“教诲”、“劝诫”，反对“不教而诛”。解放军自创建以来，更把坚持思想教育、强调以理带兵作为军队管理的一项基本原则。

■ 思想通了行动才有效

日本侵华战争爆发之后，红军为了组成抗日联盟，接受了蒋介石苛刻的条件：“改名”和“改着装”。许多战士不能接受这一现实。因为这颗五角星，伴随他们经过了多少生死之战，消灭了多少国民党军队，又有多少战友为了红五星而壮烈牺牲。如今却要他们摘下红五星，换上国民党军队的青天白日十二角星，实在想不通！

面对官兵们的一肚子委屈，朱德、贺龙、刘伯承、罗荣桓等高级将领带头做干部、战士的思想工作。贺龙在一二〇师誓师大会上说：“现在国难当头，为了国家与民族的生存，共同对付日本帝国主义，我愿带头穿国民政府发的衣服，戴青天白日帽徽，和国民党部队统一番号。这样，看起来我们的外表是白的，但是我们的心却是红的，永远是红的！”

如果没有将领们的从大局出发，既为战士们做出榜样又深入细致地做思想工作，即使改编成功，但也不能让战士们从思想上想通，那么，对抗日大局的消极影响是不可估量的。

带兵就是管理，管理这个词包含两方面的意义：一是“管束”，二是“讲理”。“管束”，是让士兵知道“应该做什么”和“不该做什么”；“讲理”，是让士兵知道“为什么应该那么做”和“为什么不该那么做”。这两方面结合起来，相互为用，才能充分发挥管理工作的最大效能。

管理工作的主要对象是人，管理的约束力和强制作用，必须通过人的思想认识和自觉行动才能奏效。因此，从古至今的著名军事将领，都把“教化在先”作为治军之道。两千多年前的名将孙武就主张把“管束”与“讲理”结合起来管理军队，他说：“故令之以文，齐之以武，是谓必取。”意思是说：用政治道义教育士卒，用军法军纪统一步调，这样就必定胜利。

就算像拿破仑那样惯于独断专行的军事统帅，在下达命令时，也要详细解释他命令的意图，以此来增强他的指挥权力。可见，注重思想沟通、坚持以理服人是古今中外名将治军带兵的共同经验。

一切管理活动都是人的活动，一切管理效能都要通过人的活动才能达到。因此，企业家带兵也是一样，首先要做好人的思想工作，讲通道理，理通了思想才通，打通了思想才能做到令行禁止，才会有自觉的行动。只有让职工明白工作的目的与意义，职工才会真正地服从与执行。

■ 要说服，不要压服

做思想工作，应该始终坚持以理服人，正如毛泽东所说的：“要人家服，只能说服，不能压服。压服的结果，总是压而不服。”

1925年5月，中央红军在井冈山遭到国民党军队的围剿，部队总在不断的作战和转移之中，十分疲劳，部分官兵流露出不满情绪，希望能够撤出山区。对此，毛泽东解释说，革命要有根据地，好像人要有屁股。人若没有屁股，便不能坐下来，要是老走着老站着，定然会倒下来的。革命有了根据地，才能够有地方休整，恢复气力，补充力量，再继续战斗，夺取胜利。一席话使官兵明白了为什么要坚守井冈山的道理，战斗精神很快被激发起来。

当时，红军只能靠红米和野菜充饥，因此有战士发牢骚说：“这饭都赶上猪食了！”毛泽东听到后，就自己舀了一碗先吃起来，接着又给大家讲述了卧薪尝胆的故事。他说：“我们是革命者，难道还不如一个奴隶社会的越王勾践吗？我们要有敢于同一切艰难困苦和敌人作斗争的信心和勇气。”听了这番话，战士们明白了干革命就得吃苦的道理，也就不害怕吃苦了。

企业家应该从毛泽东为红军战士做思想工作中可以感受到，思想工作一定要做得很具体、很细致，要有针对性，要将道理讲得明明白白，让员工心服口服。

有一年，娃哈哈某区域市场的产品销售始终做不上去，经过调查，发现主要原因是团队问题，内部涣散不团结，无法形成协同合作的战斗力。于是公司就派了一名市场总督导去解决问题。这位领导在开会的时候，没有讲道理，更没有斥责、处罚某一个人，而是组织大家玩起了一个“盲阵”的游戏。

游戏开始后，大家各自为政，因此乱成一团糟，始终完不成游戏。经过漫长而无为的等待与争吵后，游戏者渐渐开始明白了，一个团队必须统一意志、统一目标、统一行动，每个人自觉地做到令行禁止，各负其责，团队才能顺利完成任务。

这个别开生面的游戏，让大家对于团队合作精神有了深刻的认识，自觉地做了批评与自我批评，每个人都由衷地表了决心。此后该团队表现出了惊人的业绩，被动的市场局面很快得以扭转，当年销售额突破3个亿。

治军先治心，思想是行动的先导。只有思想通了，行动才能跟上，积极性才能提高。细致入微的思想工作，不是简单的奖励与惩罚的手段能够替代的。企业家只有坚持治心为先的原则，带兵才能取得明显的效果。

海尔建厂之初，张瑞敏追求的是与“德国造”一样高质量的电冰箱。可当时工人就是不理解，说我们吃稀饭馒头，德国人吃黄油牛肉，人不是一个档次，造出的东西哪能要求一样呢？

于是，张瑞敏反复去车间班组讲抓好质量才能兴厂、才能产业报国的道理，但这些大道理职工们理解得似是而非；张瑞敏又从每个职工的切身利益出发，给每个班组算了一笔账，说质量好了就能打开市场，企业效益火了就可以发奖金。

职工们回家想了之后，感觉的确是这个道理，于是思想就慢慢转过了弯，纷纷表示要好好干，海尔人从此开始具有了真正的质量意识。

五粮液集团公司始终致力于职工的思想政治工作，非常重视发掘、培养和宣传企业员工中的典型事件，采取让身边人讲述身边事，用身边事教育身边人的方法来教育和引导职工进行自我教育、自我提高。同时把美化环境和企业文化建设、职工思想教育有机地融为一体。这就是他们闻名于全国的“无意识教育”的思想工作方法。

通过这种方法，五粮液集团不仅打造出了一支卓越的职工队伍，企业本身也得到了飞速的发展，成为了一个涵盖现代制造业、制药业、工业包装业、果酒、商贸、现代物流等产业的多元化现代公司制的企业集团。

历史已经证明，思想工作是解放军成长壮大，以弱胜强，从胜利走向新的胜利的根本保证。解放军的成功经验给企业家的启示就是，简单粗暴是带兵的大敌，而耐心地做通思想工作，才是带兵的良方。

五、服从命令是天职

我是中国人民解放军军人，我宣誓：服从中国共产党的领导，全心全意为人民服务；服从命令，严守纪律，英勇战斗，不怕牺牲，忠于职守，努力工作，苦练杀敌本领，坚决完成任务；在任何情况下，绝不背叛祖国，绝不叛离军队。

这就是解放军战士入伍时候宣誓的誓词。誓词表明了解放军对党的绝对服从与听从指挥。

如果说商场就是战场，那么企业就是军队、员工就是战士，企业、员工都必须要具备军人的属性。服从也应该是员工的天职，每一位员工服从上级的安排，就如同每一个军人都必须服从上司的指挥一样。

■ 服从也是生产力

服从是战士的天职。世界上所有的军队都强调绝对地服从。在新兵入伍的第一天，军官们就对战士们说：“命令就是命令，作为战士，你只需要服从命令，绝对不找借口地去执行。”可以说，军队没有绝对地服从和执行，就不叫军队；不知道服从的战士，就不配叫战士。

巴顿可以说是美国历史上个性最强的四星级上将，但他在纪律问题上，对上司的服从上，态度毫不含糊。他深知，服从命令是军人的天职，是保持部队战斗力的重要因素，也是士兵们发挥最大潜力的基本保障。

1943年3月6日，巴顿临危受命为第二军军长。他带着铁的纪律深入营区。每到一个部队，他都要求士兵对诸如领带、护腿、钢盔甚至每天刮胡子之类的细则都要严格执行，虽然因此巴顿很不受欢迎，但是第二军却因此发生了变化，它不由自主地变成了一支顽强、具有荣誉感和战斗力的部队。

在欧美职场，所有的管理者和所有的员工都熟知一条定理——老板定理：

第一条：老板永远是对的；

第二条：当老板不对时，请参照第一条。

老板定理说的就是，员工的职责是服从与执行，而不是疑问或自作主张。老板就是老板，员工就是员工，员工服从决策与否比决策本身正确与否更为重要。服从是第一生产力。有令必行、有纪必守的企业才有高效率，才有竞争力。

■ 服从是执行的保障

服从是行动的第一步。大到一个国家，小到一个企业、部门，其成败很大程度上就取决于是否完美地贯彻了服从的观念。这就是为什么西点军校培养的CEO比哈佛还要多，为什么海尔、联想、华为、万科等中国最著名企业的老总都是军人出身，为什么军人能在商界创造出如此多的神话的根本原因。

服从命令就是执行的保障，假如员工不能执行好公司策略，又如何能创造卓越的业绩呢？如何让公司的目标实现呢？杰克·韦尔奇就说："战略不过是一张纸而已。如果没有出色的执行，战略是没有用的。"

当年三株盲目扩张之后，在全国各地注册了600多家子公司，成立了2000多个办事处，促销人员超过15万之多。但总部根本无法控制这些员工，很多员工不服从总部的规定，违规行为大量发生，导致了三株迅速地销声匿迹。

一个参加过"两弹一星"的技术攻关的老工程师说，中国当时的技术力量，无论是就人员数量还是技术装备水平而言，都远远不如前苏联和美国，但是中国从原子弹爆炸到突破氢弹技术的障碍，在时间上反过来都比前苏联和美国短得多。为什么呢？老工程师将"如人使臂、如臂使指"那样的高效的服从机制视为创造这"奇迹"的一个重要原因。

老工程师说，在一个卫星项目中，需要四个完全一样的小弹簧，当时上海的工业力量比较强，项目单位就向聂荣臻元帅报告，希望请上海的同志帮助解决。聂荣臻就给上海市领导打电话。上海马上召集了几十个单位的老工人技师会战，连夜就把符合要求的弹簧做出来了，时间总计不到24小时。在这样的过程中间，没有一个人讲条件讲价钱。

■ 服从是员工的基本素质

服从是员工最基本的素质。塑造团队成员的服从精神，是企业家带兵不可缺少的一部分。因为企业也是一个指挥与服从的系统。在一个企业中，下属能够无条件地服从上司的命令，就容易达成共识，实现目标；反之，就会出现内耗，难以实现目标。

华为老总任正非是非常爱看书的人，每次看到好书，他就会给员工推荐。一次，他将一本名为《把信带给加西亚》的书推荐给华为的员工，目的就是让员工学习书中主人公对上级指示绝对服从的做法。任正非的良苦用心使得华为的员工将“服从”做得很好。

有一次，华为在深圳体育馆召开一个6000人参加的大会，要求保持会场安静和整洁。整整4个小时之中，没有响一声呼机或手机。散会后，会场的地上没有留下一片垃圾，干干净净。

中国北方规模最大、销售额最高的消费品流通企业——物美商业集团的董事长张文中说：“我可以明确地说，纪律就是物美文化的核心内容……纪律是保证执行力的先决条件。什么是纪律？纪律首先是服从，下级服从上级、部门服从公司、公司服从集团。令行禁止，决定的事和布置的工作必须有反应、有落实、有结果、有答复。服从是任何一个职业经理人的基本素质，也是对所有物美干部员工的基本要求……虽然物美的干部员工来自五湖四海，但既然在公司里做事，工作习惯就必须适应公司的纪律。形成纪律是一个人、一个团队在复杂多变的竞争环境中生存、发展乃至成功的基础。从学习规则，遵守纪律，树立纪律意识，刻意使自己的行为服从于纪律，到自觉地把纪律变成自己的习惯，需要一个较长的过程，需要克服自身的许多不完善之处。但只有把纪律变成为习惯，物美才能具备持久的战斗力。”

■ 服从就是执行力

服从命令就是执行，没有执行，一切战略只不过是纸上谈兵。对于一个团队来说，只有团队所有成员绝对地服从与执行，才能把一切资源、力量整合起来，才能把战略变成现实。因此在团队中，服从与执行才是最重要的。

东北一家国有企业破产，被外资收购后，外方却什么都没有变，制度没变，人没变，机器设备没变。外方只是坚决地要求：把先前制定的制度坚定不移地执行下去。结果不到一年，虽然“人还是昨天的人，枪还是昨天的枪”，但企业居然就扭亏为盈了。

这个案例证明了一个研究成果：企业的成功30%靠战略，40%要靠执行。执行比战略更重要！

联想每年都要举办全国性的市场活动，每次都是几百个城市同时举行，足见其巨大的运作和控制能力。但就是以强大的执行力著称的联想，同样面对过执行不力的困惑。

联想在1999年进行ERP改造时，业务部门不积极执行，使流程设计的优化根本无法深入。因此，在联想ERP的“遵义会议”上，面对联想所有的高层职员、各子公司的总经理，柳传志雷霆震怒道：“（ERP）必须做好！做不成，我会受很大影响，但我会把李勤（副总裁）给干掉！”李勤当即站起来表态说：“做不好，我下台，不过下台前我先要把杨元庆和郭为干掉！”

这次会议之后，杨元庆、郭为责无旁贷地在子公司推进ERP，各个子公司都成立了ERP领导小组。ERP由此进入了快速通道，项目实施的五阶段——范围评估、目标确认、流程重设计、系统配置、测试交付一关接一关地突破，项目管理、技术结构、BPR、流程和系统整体性、变革管理、培训和文档等要素与线索开始活脱脱跃动起来，并开始在联想人的智慧指引下，在联想ERP长龙中各归其位。

1999年12月，是联想有史以来业务的最高峰，仅北京的营业额就达19亿元。2000年初，王晓岩完成了联想ERP改革。

从联想的ERP改革可以看出，服从是不折不扣的执行的起点。在企业里让员工树立起服从的观念，也是在企业里建设起“执行”的企业文化的起点。

六、一切从细节抓起

1972年2月21日，周恩来总理陪同尼克松总统检阅解放军三军仪仗队。尼克松被仪仗队的威风凛凛、严肃整齐震住了，连连称赞说：“中国人民解放军仪仗队是我见过的最出色的一个。”

■ 细节凝聚出实力

一个军队的战斗力不仅仅体现在战场上的冲锋陷阵，同样也体现在平时的精神面貌、行为举止之中。

1997年6月22日，解放军仪仗队与英军仪仗队、香港警方进行合练、彩排，一场无声的较量展开了。在进入会展中心前，中国仪仗队排着整齐的队伍，保持着严肃整洁的军容，一一通过；而英军仪仗队有的拎着帽子，有的吃着苹果，有的歪提着枪支，甚至还拿枪托打人。合练时，因为程序上出现了错误，英方士兵就顿时打起口哨，放下枪跑到台下休息去了，有的抽烟，有的吃巧克力，有的甚至在地板上躺倒睡觉；而中国仪仗队却列队整齐，持枪肃立，一站就是近两个小时。观看合练的港事顾问们甚至英方官员都情不自禁地几次鼓掌对解放军仪仗队表示赞赏。

香港传媒为此次合练发出的评论标题是这样的——“中国仪仗队军容端正纪律严明，英国仪仗队纪律松散到处撒野”。仪仗队严整的军容、威武的雄姿，展现了我国的国威军威，使香港同胞因为自己是中华儿女而扬眉吐气，更增强了对祖国的归属感。

三军仪仗队只是解放军风貌的一个窗口，整个解放军队伍在任何场合都是保持着严肃整洁的军容军风的。《中国人民解放军内务条令》对解放军的仪容要求做了很详细的规定，比如军服应当保持整洁，配套穿着，不得混穿。不得在军服外罩便服。不得披衣、敞怀、挽袖、卷裤腿。扣好领钩、衣扣等等。此外，相关条例还规定了军容的行为举止，比如军人必须举止端正，精神振作，姿态良好。不准袖手、背手和将手插入衣袋，不准边走边吸烟、吃东西、扇扇子，不得搭肩挽臂。不准猥集街头，不准嬉笑打闹等等。

正是这些严明的条例，使得解放军以威武之师、文明之师展现在世人面前，让对手不寒而栗，让老百姓心中踏实，受老百姓拥护。

■ 形象是最好的名片

对个人来说，一个人如果能够做到着装得体、仪容整洁、举止合适，那么就能够增强信心、调节情绪，还能提高工作效率，工作起来很就会得心应手，自然就容易成功。

整洁的仪容能够展现出一个人的自身修养、道德水平、个性特点等等。泰国有一家保险公司的外勤员向公司报告，向市民进行劝说工作时，仪容整齐者比衣冠不整者，在业务成绩上要好很多。美国白宫就对随总统出访的记者规定，必须穿正装、打领带、穿深色鞋，严禁穿网球鞋、穿牛仔裤；女性记者的裙子必须长及膝盖之下等等。否则，就吊销采访美国领导人出访活动的资格。看来，整洁的仪容在全世界都是受欢迎的。

倪润峰说："尊重每一个人，提供优质服务，追求卓越工作，这三大理念贯穿于我们的一切生产工作规范和经营活动之中。靠诚信赢得公众、占领市场是我们公司的经营秘诀和经营理念。"

为了赢得市场、赢得人心，长虹在重视产品形象的同时，还特别重视员工的个人形象，特别是营销人员的形象。他们认为，营销人员是公司形象的体现，营销人员除了有奉献精神之外，还必须做到语言文明、态度和蔼、精力充沛、衣冠整洁。

对团队来说，如果整个团队都能够有着整洁的仪容、严肃的风气，那么，这个团队至少是一支有组织、有纪律、积极向上、朝气蓬勃的团队，能够得到人们的认可与支持。

因此，不少优秀的企业家为了展示自己的团队是优秀的，对自己团队内的员工的仪容、举止都做了相应的要求。《华为员工守则》就有几条这样的规定：待客热情礼貌，服务周全，维护公司形象；保持环境整洁，注意仪表、仪容；加强品德修养，倡导精神文明。

肯德基等许多企业为什么让所有员工在工作期间统一制服、统一操作规范呢？原因也是为了以整洁的团队仪容来赢得消费者的认可与信赖。

海尔的客户服务条例就规定服务人员统一着装，自带鞋套、垫布和抹布等上门服务。他们要求工作人员仪表清洁、精神饱满、面带微笑。为预防工作人员衣服脏、头发乱、胡子长等现象出现，他们严格要求员工在敲用户家门前，要首先对自己的仪容仪表进行自检，直到符合服务规范方可敲门。

■ 仪容显示战斗力

巴顿对军队的管理有两个与众不同的特点，其一是他的纪律标准十分严格，其二是对部队的着装问题十分重视。巴顿认为，着装问题与军人的风貌和战斗力息息相关。他十分严肃地指出：稀拉兵不能打仗。严明的纪律，威武的军容，既反映了军队的精神面貌和军事素质，又能增加将士们的自豪感和战斗力。因此，不论平时还是战斗期间，巴顿部队的每一个人都保持着一种“标准的军人姿态”：胡子刮得光光的，戴钢盔，系领带，打绑腿，皮靴擦得铿亮。每一个参观过巴顿部队的人，都能从他们的军容风纪中感受到一种强烈的震撼。而这也正是巴顿统领部队屡建奇功的主要原因之一。

保持严肃、整洁的军容就能提高团队的战斗力，巴顿将军带兵的经验证明了这一点。

据有关资料报道，环境优美的企业，劳动效率可提高15%至35%，工伤事故可减少40%至50%，同时，还可以起到保健的作用，大大减少病假、旷工。此外，环境的美化还能使空气、水源净化，减少噪音污染，带来额外的经济效益，增加城市的美观，提高企业的信誉和知名度等等。

但是，假如企业家对自己员工的着装、仪容不以为然、得过且过，他们还会在乎生产环境的美化吗？

联想集团在全国众多的1＋1特许专卖店，对员工仪容形象的要求是一样的，要求端庄、整洁、大方，目的就是创造良好的专卖店氛围，体现团队的良好风貌，使专卖店的员工能被顾客所信赖。他们对着装、仪表的要求十分仔细，除了勤洗澡、勤理发、勤剪指甲、不留胡须、不准浓妆艳抹等等之外，甚至还规定女员工穿的裙子不得超过膝盖以上7厘米。

联想个人电脑自1994年以来，销量连续以每年超过100%的速度增长，并长期在市场份额的争夺中居中国市场第一。可以说，那些联想专卖店对员工仪容、行为规范的严格管理是取得这一成就的重要原因之一。

企业家管理员工就好比将领带兵，军容不整的团队肯定纪律松懈，必定形成不了战斗力，而且给外界一种乌合之众的感觉。这样的团队，怎么可能在市场这个战场上打胜仗呢？

七、树立团队的危机意识

1972年，当时的解放军副总参谋长李达和张震访美时，在利文沃思堡观看了一场美军与模拟苏军的演习。回国后，他们向中央军委呈上了一份关于建立模拟军队的报告。周恩来总理非常关注，一份成立外军模拟部队的计划下达给了总参有关部门。后来，南京军区组建了合同训练战术训练中心。

至此，中国人民解放军第一支外军模拟部队正式诞生了。这支外军模拟部队的编制严格按外军的编制序列，训练也严格按照外军的条令、训练大纲进行，甚至就餐都使用西餐餐具。在对抗训练中，还努力体现、运用外军的作战原则和战术手段。

这支模拟部队的主要任务就是轮流与各部队进行实兵对抗，为部队提供近似实战的战场环境；检验考核部队合同战术训练水平。总之，就是提高解放军的危机感，让解放军居安思危，随时保持强大的战斗力。

久居太平世界、军备废弛的军队必定松松垮垮，没有战斗力，而面临强敌的军队反而会因为紧张而厉兵秣马，从而提高战斗力。企业家带兵也要运用这个道理，让危机感来激发出团队的潜能，甚至在真正的危机中来锻炼队伍。

■ 居安思危

在新中国即将建立的前夕，全国政协首届委员徐悲鸿等力荐以《义勇军进行曲》作为国歌。毛泽东、周恩来当即表示支持。但也有人认为，歌词中“中华民族到了最危险的时候”已经过时，而且有点不吉利，应该改一改歌词或者重新选择国歌。这时候，周恩来提醒大家要居安思危，安不忘危。于是，1949年9月，全国政协第一届全体会议通过决议，定下《义勇军进行曲》为中华人民共和国代国歌。

世事无常，祸福相依，越是一帆风顺的时候，越要居安思危。这个道理不论对一个人、一个团队，还是一个民族、一个国家，都是适用的。

《义勇军进行曲》诞生于1935年，原为电影《风云儿女》的主题歌。《风云儿女》描写的是“九一八”事变之后，日本帝国主义侵占了中国的东三省，中华民族处于生死存亡的危急关头。在国民党反动派的统治下，一些知识分子从苦闷、彷徨中勇敢地走向了抗日前线。《义勇军进行曲》随着电影的放映，流传于全国的每一个角落，唤醒了中华民族的危机意识，吹响了中华民族解放的号角。

中国有一句古话——“生于忧患，死于安乐”。用现代的话来说，就是要有危机意识！一个企业家一定要居安思危、深谋远虑，要在整个团队中树立起危机意识，这样才不至于害了自己，害了整个团队。

■ “狼狈为奸”求生存

一个人如果没有危机意识，迟早会遭殃；一个团队如果没有危机意识，迟早会散伙；一个军队如果没有危机意识，迟早会被消灭。

《诸葛亮兵法》中这样写道：夫国之大务，莫先于戒备。若夫失之毫厘，则差若千里，覆军杀将，势不逾息，可不惧哉！……无备，虽众不可恃也。故曰，有备无患。故三军之行，不可无备也。

这段话是说，一个国家最重要的事务就是国防，如果稍有偏差，就会导致国家的灭亡，就无力回天了，这是最可怕的事情啊！……对危机没有准备，虽然军队众多也无济于事。居安思危才能有备无患，所以军队最重要的就是要有防范危机的准备。

诸葛亮一针见血地指出，一个国家、一支军队最重要的问题就是要有危机感，因此要做到居安思危，有备无患。

华为的党委书记陈珠芳用“战战兢兢，如履薄冰”来形容华为人的心态与处境。华为的高层为什么都比较关注国际新闻，陈珠芳解释说，因为华为是一个国际化的企业，世界上任何一个地方的风吹草动都会牵动华为的中枢神经——东南亚的海啸，伊拉克的人体炸弹袭击，美国的飓风，印度的空难……华为的忧患意识可见一斑。

“华为的冬天来临了吗？”任正非非常喜欢用这样一句话来提醒自己的团队。因为电信是一个竞争残酷的行业，世界上的众多电信公司不是发展，就是灭亡，没有第三条路可走。华为面临同样的情况，要想生存，就得发展。

任正非经常给所有的员工敲警钟：如果有一天，公司销售额下滑、利润下滑甚至会破产，我们怎么办？我们公司的太平时间太长了，在和平时期升的官太多了，这也许就是我们的灾难。“泰坦尼克”号也是在一片欢呼声中出的海。而且我相信，这一天一定会到来。

始终抱有强烈危机意识的任正非，在经历了多次大环境的起伏后，对危机更加特别警觉。因此，他认为企业要想活下去，就是要培养一批能够应对各种危机的“狼”，因为狼有三大特性，一是敏锐的嗅觉，二是不屈不挠、奋不顾身的进攻精神，三是群体奋斗。为了对付各种各样意想不到的危机，任正非还要求华为的每个部门都要能够做到“狼狈为奸”——既要有狼的不屈不挠，又要有狈的精于算计。

因为危机意识而产生的凶悍的华为企业文化，使华为仅仅用了10年时间就将资产扩张了1000倍，成为了连跨国巨头企业都寝食难安的一匹“土狼”。

即便如此，任正非说：“10年来，我天天思考的都是失败，对成功视而不见，也没有什么荣誉感、自豪感，而是危机感。也许是这样才存活了10年。我们大家要一起来想，怎样才能活下去，也许才能存活得久一些。失败这一天是一定会到来的，大家要准备迎接。这是我从不动摇的看法，这是历史规律。”

■ 解决危机的能力

虽然海尔以及张瑞敏本人在中国乃至世界获得的荣誉太多了，但张瑞敏清醒地认识到，“一个企业在市场上获得的荣誉，相当于是在沙滩上的脚印，无论多么清晰，一涨潮，什么都没了”。所以，张瑞敏与海尔是“永远战战兢兢、永远如履薄冰”。

因为有了危机意识，张瑞敏反复抓管理、抓重点、抓提高。一旦发现了什么失误、漏洞，就抓住不放，认真地解决。“木桶理论”强调：木桶盛水的多少取决于最短木板的高度。抓住了失误，改正了缺点，就相当于将最短的木板替换成了最长的木板，这样整个水桶装的水就多了。

宏碁集团就是在经过了三次危机之后，才有了如今的成就。1991年，宏碁面临成立以来的首度亏损，甚至外商银行也采取了抽银根动作。宏碁立即意识到这是因过去的成功导致了团队没有危机感，因此重新调整组织架构，并订下营业额倍增的目标。因此宏碁由服务业转型为制造业，并由台湾市场进军国际市场。此变革管理使得宏碁营业额自1992年的新台币300亿元，一举上升为1996年的2000亿元。

第一次变革管理后，宏碁赚了很多钱，不仅因此造就了许多电子新贵，也导致宏碁买下德碁，因为DRAM并非宏碁的核心事业，加上外在的环境因素，造成德碁面临经营危机，也使得宏碁连带受累。宏碁当下痛定思痛，邀请台积电入股并进而并购。而德碁也由DRAM业走上代工业务，反而成为台湾投资DRAM事业者少数获利了的公司。

宏碁做大了之后，服务与制造都已有相当分量，却因此产生内部资源分配不均、业务与管理文化频频发生冲突的问题。面临第三次危机，宏碁毅然决定让两家公司各走自己的路。如今负责品牌业务的宏碁已跻身为全球性品牌，并在欧洲笔记本电脑市场取下龙头宝座，这就是当时当机立断决定让品牌与代工业务分家的结果。

从宏碁因为危机而创造规模的发展历程看来，一个企业有了危机并不可怕，可怕的是没有危机意识以及处理危机的能力。

未来是不可预测的，而人也不是天天走好运的。“未雨绸缪，善养天机”，一个企业家要带头与整个团队时常居安思危，使得整个团队具有忧患意识、危机意识，然后苦练内功，夯实基础，才能从容面对危机、轻松应对危机，进而做强做大。

八、去基层找答案

解放军有一个好传统，就是打仗的时候，干部逐级到下级单位去了解情况，加强沟通。军到师，师到团，团到营，营到连，连到排，排到班。这也是解放军具有坚强的战斗力的一个重要原因。

在第一次反“围剿”时，红一方面军副总司令彭德怀就主动下去，到第三军团去指挥战斗，最后配合一军团一举歼灭了1万多名敌人。在第三次反“围剿”时，战斗异常激烈，敌人两个团占据了有利地势。他们把红军的一个连压在了山腰。在危难之际，彭德怀身先士卒，带领连队猛冲，击溃了敌人。

■ 强化基层，提高实力

1958年9月，总政治部作出了关于各级干部每年下连当兵一个月的规定，要求下连当兵的干部应编入班、排、连，归班、排、连长指挥。当时，全军由各大军区首长带头，各级领导干部都按照这一规定，有计划地下到连队去“当兵”。

1963年7月中旬，时任北京军区司令员的杨勇将军就来到某部3连当兵。他一到连队，不仅带头和战士实行“五同”，而且和战士们打成一片，参加班务会，与战士交心，下伙房，去菜地，帮助战士写家信、指挥大家唱歌。连队干部和战士们说：“杨司令在我们连，满腔热情，一身干劲。”

杨勇将军作为解放军的高级将领，为什么能积极沉到一线、深入连队呢？因为他认为连队工作是部队工作的基础，是一切工作的着眼点，只有加强了连队工作，才能更迅速提高整个解放军队伍的战斗力。

杨勇将军不仅多次强调要发扬面向连队、深入实际的作风，把主要精力和时间用在抓基层上，而且带头躬身践行，率先垂范。杨勇将军的这种务实、求实、扎实的领导作风和深入实际，深入群众的工作精神，永远值得今天的企业家学习。

解放军总政治部在1995年制定的《军队基层建设纲要》中指出：

连队、舰艇、飞行大队及与其相当的队、站、室、所、库等基层单位是军队的基础，是遂行作战、训练、执勤、科研、保障等任务的基本单位。国家发展社会主义市场经济、全面建设小康社会，军队推进中国特色的军事变革、做好军事斗争准备，对基层建设提出了新的更高的要求。为把基层建设提高到一个新水平，实现建设一支强大的现代化正规化革命军队的总目标，特制定本纲要。

企业如同军队，一个企业想要获得较好的竞争力，只有先加强基层建设，让基层获得较强的竞争力。一个企业的基层就像高楼大厦的地基一样，地基不牢，终究是空中楼阁，不会长久；地基牢固了，就能经历各种风险而伫立不倒。

企业基层竞争力的获得离不开企业总部的支持和帮助。一般而言，一个企业家以及总部里面的工作人员，大多数人是某一领域的专家，经验丰富，有着较强的解决问题的能力。企业家自己或者经常派总部的工作人员到下面基层去，帮助基层解决实际操作过程中的问题，一个企业的竞争力才能真正提高。

娃哈哈集团是中国企业成功的典范，从东北的长白山天池到西北的阿尔泰山山麓，从东南的海南岛丛林到西南的青藏高原，假如将这些地方任何一间小杂货店的商品目录都抄下来看看，你就会发现，重复出现的品牌不会超过三种，而娃哈哈就是其中的一个。

娃哈哈的管理者宗庆后是一个老实巴交的浙江商人，他做事认真，不苟言笑。在创业18年的时间里，宗庆后坚持深入基层工作的作风，一年365天，他有200天的时间亲自奔赴市场一线进行考察。即使不出差，他也在公司内“下基层”，吃的是食堂做的饭，住的是办公室。

不仅宗庆后自己长期深入基层，娃哈哈的销售高级管理层也是经常坚持在市场一线，而且，业务员、经销商每月至少给公司一次市场反馈信息。通过大量科学、准确的信息，宗庆后看清了国情、民情和市场需求，以及公司自身的优势与不足，所以，娃哈哈结合实际、扬长抑短地制定出了正确的企业发展战略，确保了娃哈哈18年来没有犯过大的战略性错误。

现在以计算机为主的管理统计工作的手段是很先进的，但这些无论如何都代替不了深入实际的调查研究。因为能够深入基层，所以宗庆后始终能够对市场保持敏锐性，能够敏锐洞察机遇，抓住市场的真正需求，让产品卖得好、卖得火。而很多的企业家失败的原因就在于，自己高高在上，不愿意深入实际，变成了“甩手掌柜”，远离市场、远离客户、远离员工，对市场的敏锐性越来越差，企业的经营当然会越来越举步维艰。

■ “海豚式”升迁

领导干部深入基层开展工作，能够深入实际了解真实的、第一手情况，能够摸清存在的问题，因而能够拿出合适的对策，同时也能激励下属的士气，这是管理者的一种很有效的工作方法。

1984年，张瑞敏在刚调到青岛电冰箱总厂担任厂长时，针对眼前的烂摊子，他仔细分析研究，下基层，到车间，跟随工人们了解情况，分析原因。在做了大量调查研究后，制定了13条管理规定，这就是著名的“海尔13条”。其中有一条就是“不准在工厂随地大小便”。现在看来这条规定有些不可思议，但这正是张瑞敏深入基层后制定的最切实可行的管理办法。通过这个办法，改善了管理状况和员工的素质，才有了后来的OEC管理。如果不做调查研究，高高在上自以为是地指挥，那么制定出来的管理方法肯定不切合实际，效果就会大打折扣。

海尔有一个很有特色的人事管理制度——“海豚式”升迁。海豚是海洋中最聪明最有智慧的动物，它下潜得越深，则跳得越高。1988年，有80多个大学生进入海尔，张瑞敏让他们一律下基层。后来，这80人当中的很多人都成为了海尔的管理者。当事者后来由衷地说，有了下基层的经历，才会真正知道如何管理，也才明白了这是张瑞敏对人才的真正爱惜与培养。

海尔是一个实干的企业，除了老总张瑞敏，总裁杨绵绵也被誉为“海尔的实干家”。她说：“管理的本质不在于知而在于行……要想让部下领会集团的思路，我认为自己首先应做出成功的实践，这样才具有带动作用。”

因此，杨绵绵每天都要到基层单位去走走，看一看基层执行集团思路的具体情况，以便获取企业的第一手信息。而且总是不遗余力地指导着、引领着基层的工作，主动帮助基层解决实际困难与问题，满腔热情把自己的经验学识毫无保留地传授给部下。

杨绵绵的这种身体力行、深入实际的实干作风，感染着海尔的广大干部职工，正如海尔员工们说的那样：和杨总裁一起工作你会感到充实愉快，你会不由自主地产生一种不断上进的冲动。

■ 从基层做起

深入基层开展工作，是共产党、解放军领导干部开展工作的一种常用方法。这种方法俗称“蹲点”，它要求领导干部与基层的广大群众“五同”：同吃、同住、同劳动、同学习、同进步。实践证明，只有蹲点，即“更下一层楼”，工作才能“更上一层楼”。

任正非在《致新员工书》中，对新来的博士硕士学士们语重心长地说：“你想做专家吗？一律从基层做起。”1996年，任正非听完生产计划和销售计划工作汇报后，送给生产计划主管和销售计划主管每人一双工作靴，让他们走与工农兵相结合的道路，深入基层、深入实际，去了解基层和上下游业务部门的需求，这样才能够发现问题并解决问题。

这与韦尔奇的“深潜”有着异曲同工的作用。韦尔奇喜欢与一线员工接触，了解他们的想法和建议。为此，他经常“深潜”——一个猛子扎下去，一直到最基层，亲自到现场跟基层员工在一起工作。“深潜”保证了决策者从更具体的角度思考问题，同时制定出了相应的策略。

在过去的战争年代，解放军各级军官深入连队鼓舞士气，深入阵地指挥战斗敌军，深入民众发展力量，使解放军的力量不断发展壮大，一步步走向了最后的胜利。在当今的市场竞争的年代，企业家如果能深入基层开展工作，就能力戒形式主义、官僚主义，了解到真实的信息，制定出正确的企业战略，激励出员工的斗志，必定能不断地从一个胜利走向另一个胜利。

第四章
带兵先要练兵

“台上三分钟，台下十年功”。丰富的工作经验，不是一天两天可以练就，领导者们要有足够的耐心来等待员工的成长，更要有足够长远的眼光来看待培训工作。

一、适时培养核心员工

强渡大渡河时一战成名的神炮手赵章成，后来先后担任了八路军总部炮兵团营长、129师炮兵主任、陕甘宁晋绥联防军炮兵主任等职务，充分发挥了他神炮手的威力。在一次战斗中，赵章成一个人同时操纵三门炮进行不间断的射击，直到三门炮的身管都打红了。至于炮击的效果，据俘虏供称：日军指挥官根据炮火的准确和密度判断，八路军有一个迫击炮排在进行齐射！

抗日战争后期，八路军开始生产步兵炮，请赵章成到兵工厂做技术指导。他建议对82迫击炮进行改制，结果使82迫击炮既能曲射，又能平射，具有步兵炮的功能。

解放战争时期，赵章成先后任晋冀鲁豫军区炮兵主任、炮兵旅旅长，二野炮兵师师长、特种兵纵队参谋长。中华人民共和国成立后，赵章成又任西南军区炮兵司令员、炮兵第3训练基地司令员、炮兵14师师长。

1954年，赵章成赴朝鲜，任志愿军炮兵指挥所司令员、志愿军炮兵第二司令员。回国后，任中国人民解放军炮兵副司令员，1955年被授予少将军衔。

解放军用人是人尽其才、才尽其用，你有多大本事，就给你多大展示才华的舞台，充分彰显了“个人成就团队，团队成就个人”的用人哲学。

■ 及时提拔

抗美援朝的时候，志愿军有一条纪律，不准用枪对空射击飞机。因为轻武器对空射击不仅打不下飞机，反而会暴露地面部队的目标，招致敌人更准确的轰炸。这是志愿军用无数士兵的鲜血换来的教训，所以纪律被强调得十分严格，违反后的处理也十分严厉。

关崇贵是志愿军某部二班的副班长、机枪手。在一次激烈的战斗中，十几架美军飞机在阵地上空来回轰炸，从飞机上射下的机枪子弹和扔下的炸弹给志愿军造成了重大伤亡。眼见着战友们一个个倒下，关崇贵急了，他端起手中的机枪要向飞机开火。一旁的战友立刻阻止他说："副班长，咱可别犯错误！"关崇贵大叫道："大不了枪毙我！"随着愤怒的子弹出膛，一架美军的P－51战斗机机尾部冒着黑烟栽进了山沟，随后就是剧烈的爆炸声和一团冲天的火焰。

当时，彭德怀正为志愿军防空力量薄弱而焦急，在仔细地询问了关崇贵打飞机的经过后，说："这个纪律犯出了条经验，就是轻武器是可以打下敌人飞机的，鼓舞了战士对空作战的信心，要对这个战士重奖！"于是，关崇贵被授予"一级战斗英雄"称号，并荣立了特等功。

在后来的一次战斗中，关崇贵在全班只剩下他一人的情况下，在阵地上坚守了两天三夜，始终没有让敌人占领这个阵地。当彭德怀再一次听到"关崇贵"这个名字时，他的命令是：对这个士兵连升三级使用！关崇贵从副班长被提升为副连长。

钢铁大王安德鲁·卡内基年轻的时候，曾经因为找不到主管上司，冒充上司给所有要经过当地的列车司机发出命令，让他们立即改变轨道，避免了一场重大交通事故的发生。不过，按照当时铁路公司的规定，电报员擅自冒用上级名义发报，会遭到毫不留情的开除。

但在第二天，上司微笑着对卡内基说："由于我要调到公司的其他部门工作，我们已经决定由你担任这里的负责人。不是因为其他任何原因，只是因为你在正确的时机做了一个正确的选择。"

这两个故事相似之处在于，领导者都是在适时的时候提拔了核心员工。

所谓核心员工，是指那些能对企业产生深远影响的员工，根据“20∶80定则”，他们是成就卓越事业的根本。所以，企业家应重点寻找、培养、关注这20%左右的重点员工，让他们在适当的时候“火线入党”，成为企业不可替代的支柱。就像通用汽车公司前总裁斯隆所说，“要把我的资产抽走，只要把公司的人才留下，5年后我将使拿走的一切失而复得”。这道出了一个公司必须依靠核心员工的真谛。

战争是最能锻炼人、考验人的，战场是最能考察战士的忠诚、勇敢、战术、技艺的地方。解放军战士在战斗中，经常纷纷向党支部递交入党申请书，争取通过自己在战场上的表现来火线入党。解放军也是根据战场的实际情况，火线发展党员，为部队培养了一大批核心军人。

军队在用人之际，适时培养精英，是为了适应目前和将来的发展需要。企业也是一样，一个企业想要在激烈的竞争中生存下来，需要适时培养企业的核心员工。

不过，企业的员工并没有像战士上战场一样展现自己的机会，那么企业家如何才知道哪些人能成为企业的核心员工，然后去培养他们呢？海尔找到了一个很好的办法，就是“相马不如赛马”的用人机制。海尔设有干部处，但其职责不是去发现人才，而是负责研究现行机制能不能把所有人的潜能发挥出来。

■ 赛马不相马

1999年9月，在海尔全球市场产品交易会上，记者们得知海尔新近任命了两位“见习副总裁”，感觉是一件很稀奇的事情。有记者就问张瑞敏“见习副总裁”是怎么回事？张瑞敏答：就是把他们放在副总裁的位置上干干看看行不行，行就干下去，不行就随时下来。这就是赛马——是骡子是马，不是谁说了算，而是拉出来遛遛。

1998年，黄蔚不过是海尔的一名车间实习生，但她参与设计了海尔健康型冰箱的图案。图案上那两个拿着气球在欢快地奔跑着的“海尔兄弟”，深受消费者喜欢。黄蔚后来设计的灶具面板也已经投入了生产并产生了经济效益。

黄蔚白天在车间实习，利用休息时间反复研究设计。一个实习生为什么对工作如此热情呢？黄蔚说：“在海尔不论资排辈，企业为每个人提供了广阔的发展空间，自己为何不紧紧把握这个机遇呢！”后来，黄蔚又通过竞争到技术中心工作。她感慨道：“我是幸运的，因为海尔公平、公开、公正的赛马机制激发出了我的活力，让我无憾此生！”

“赛马”与“相马”虽然只是一字之差，却改变了“马”的被动命运。“赛马”可以使马不依赖于他人的认识，完全凭借自己的主观努力，充分施展自己的才能，进而把命运的缰绳紧紧地握在自己的手里。海尔通过建立赛马机制，使各类人才在火热的工作实践中发挥才能、创造业绩，促使海尔顺利地实现了自己的发展目标，成为声名卓著的国际性企业。

核心员工培养出来之后，如何留住他们，这是让管理者很头痛的一个问题。不少企业辛辛苦苦培养出来的核心员工，结果成才之后就跳槽了，让企业家有苦说不出来。

核心员工多半是有着积极的进取心、自我实现愿望强烈的人，他们希望能在企业中有更多的发展空间，偏好宽松自由的工作空间，勇于承担责任，追求卓越。就好比NBA的球员，他们对自己能不能获得最有价值球员、球队能不能获得总冠军非常重视，对于在哪个球队打球、一年能挣多少钱倒不是那么在乎。

比尔·盖茨曾说过，假如微软最重要的几十名员工跳槽了，微软就玩完了。但为什么很少有核心人才离开微软公司呢？因为微软是全球最留得住人才的公司。他们制定“职业阶梯”文件，其中详细列出了员工从进入公司开始，一级级向上发展的所有可选择的职务，以及不同职务需具备的能力和经验，使员工在来到企业之初便对日后的职业发展心中有数，目标明确。

简单点儿说，就是要给核心员工提供能够施展才华的舞台，来提高他们对企业的忠诚度。

二、随时做好战斗准备

新中国建立之后，人民解放军的15军和42军面临着被撤编的问题，15军将要改编为西南公安军，42军则准备集体转业到北大荒去办农场。

就在这个时候，朝鲜战争爆发了。因为42军是距离战区最近的一个军，所以被派往朝鲜参战，结果在朝鲜战场中表现很出色，回国后当然没有被撤销番号，至今还是广州军区的主力军之一。

15军的经历也差不多。因为当时各军都负担有地方守备、剿匪等任务，已经分散到各地驻扎，集结部队需要时间。而15军因为改编处于整装待发的状态，所以也被直接派往了朝鲜战场。结果15军在战场上的表现有目共睹，上甘岭一战更是天下闻名。部队回国后，与原空军陆战一师合编成为人民解放军第一个，也是唯一的一个空降军。

看似两个非主力军的部队，随便拉出去就可以打大仗、打胜仗，解放军为什么这么牛气冲天？就是因为解放军是一支时刻在准备着战斗、随时可以参加战斗并保证能够取得胜利的伟大军队。

■ 不打无准备之仗

机遇只会青睐于有准备的人，也只会青睐于那些有准备的企业。企业家应该永远记住毛泽东的话："不打无准备之仗，不打无把握之仗。每战都应力求有准备，力求在敌我条件对比下有胜利的把握。"

企业从创立到成熟，大约需要15年到20年左右的时间，之后，企业会由上升变为衰败，这就是企业的生命周期，这是一个无数事实证明的规律。但这个规律是可以以企业家的意志为转移的。方法就是让企业时刻处于备战的状态，比如张瑞敏办法就是，让海尔每年来一个马拉松长跑，每天来一个百米冲刺。

让企业处于备战状态，就是时刻严阵以待，随时做好一切战斗准备。20世纪90年代，面对发达国家的跨国企业纷纷进军中国市场的趋势，不少企业惊慌失措："狼来啦！"而张瑞敏却提出了一个崭新的观点——"与狼共舞"，以此来激发团队的勇气，让海尔随时做好与狼战斗的准备。

毛泽东在红军时期就反复提出，要力戒乱战，不可轻战，不打则已，打则必胜。抗战中，他又指出说："运动之敌好打，并可以速决。敌在运动中脱离了工事又无准备，优势而无准备不是真正的优势，也没有主动，易被我迅速歼灭。"解放战争时期，他明确提出"不打无准备无把握之仗"，并将它概括为十大军事原则之一。这一原则的核心内容就是对战争要有充分的准备，要随时做好战斗准备。

现在，中国处于和平时期已经很久了，解放军也有多年没有打仗了，但千万不要以为解放军就放松了对战斗的准备。

《中国人民解放军内务条令》第223条规定：部队（分队）必须严格执行装备管理的有关条例和规章制度，加强日常管理，防止装备丢失、损坏、锈蚀和霉烂变质，保证装备经常处于良好状态。

从这一点就可以看出解放军对做好战斗准备是如何的重视。有一位退伍士兵描述了他军人生涯的几件事：

（一）一个营长因为他管的一门炮在轮轴旁边有颗螺栓生锈，而被撤职转业。

（二）他所在的汽车修理班，工作要求就是闭着眼睛修化油器，不看汽车修它的齿轮。

（三）抗美援朝时期的汽车，现在一点儿毛病都没有。

（四）很多人对电视里面闭着眼睛拼装枪感觉很惊奇，对于他们来说，不过小菜一碟。

从对武器的保养就可以看出解放军对战斗的准备是一丝不苟的，这也是解放军在几十年的无数次战斗中，总能够掌握并占据主动权，并能遇事不慌、沉着应付，最终总能够取得胜利的原因。

■ 随时做好战斗准备

不打无准备之仗，对于军人出身的张瑞敏来说，是一句再熟悉不过的话了。海尔的成功也和张瑞敏善做准备有着莫大的关联。海尔能从一个亏损几百万的小厂发展成今天的大型企业集团，在于张瑞敏做好了几项“战斗”准备。

第一项准备：质量第一。张瑞敏出任青岛电冰箱总厂厂长时，首先选择了品牌的发展战略。为了加强员工的质量意识，他当众砸掉76台有质量问题的冰箱，让所有的职工都知道：质量是企业的命脉，有缺陷的产品就是废品，质量是品牌战略最基础的准备。三年后，海尔人捧回了中国冰箱行业的第一块国家质量金奖。

第二项准备：让淡季不淡。每年的6～8月是洗衣机销售的淡季。每到这段时间，很多厂家就把商场里的促销员撤回去了。张瑞敏经过调查发现，夏天里5公斤的洗衣机不实用，既浪费水又浪费电。科研人员很快设计出一种微型洗衣机——“小小神童”。“小小神童”在上海热销之后，很快又风靡全国并出口到日本和韩国。张瑞敏告诫员工说：“只有淡季的思想，没有淡季的市场。”

第三项准备：斜坡球体论。张瑞敏有一个著名的“斜坡球体论”，是说企业好比斜坡上的球体，必然下滑；要想使其上移，则需要两个作用力——一个是止动力，不使其下滑，这好比企业的基础准备工作；一个是拉动力，促使其往上移，这好比企业的创新力。这两个力缺一不可。其“止动力”，如“日事日毕、日清日高”；“拉动力”，如“在市场否定你之前先自己否定自己”。这种“准备赢得一切”的观点已被证明是非常行之有效的管理方法。

第四项准备：实地培训员工。人才缺乏，是国内企业的共同呼声。但张瑞敏认为，我们最缺乏的不是人才，而是出人才的机制。海尔的“实地培训”的机制给海尔的员工创造了发挥才能的机会和公平竞争的环境。通过“相马不如赛马”的选人机制，海尔从内部挖掘出了不少人才。

第五项准备：先有市场再建工厂。这是一种典型的以市场为导向的经营思路，其不仅适用于进入国际市场，也适用于开拓国内市场。这里的“建”字，既包括自己建设，当然也包括兼并、参股等多种方式。如出口美国的冰箱超过当地生产30万台的盈亏平衡点后才在当地建立工厂。相比之下，我们也时常看到，因过于乐观地估计市场和估计自己，盲目建厂而导致设备闲置或生产线开工不足而被拖垮的例子。

第六项准备：国际化就是本土化。作为中国企业国际化的先行者，海尔“国际化即本土化”的做法是，当地设计、当地制造、当地销售，以及当地融资、当地融智。比如在美国，海尔在洛杉矶建立了设计中心，在南卡罗来纳州建立了生产工厂，在纽约建立了营销公司，三位一体，以形成当地本土化的海尔，其雇员也主要是美国人。

张瑞敏说，什么时候，美国人不再认为海尔是中国的海尔，而是美国的海尔，海尔在美国就算是成功了。

因为做好了充分的战斗准备，所以海尔这条大船在通向国际化的航程上乘风破浪、一往直前。在这个过程中，海尔当然会遇到困难与挫折，但是他们有随时做好战斗准备的思想与习惯，他们又害怕什么呢?

三、做好小事才能做大事

解放军是最善于从小事情做好的一个团队。被子叠得整整齐齐，所有的物品都摆放一致，墙壁、地面纤尘不染……

千万别小看整理内务这些小事情，因为小事做不好，细节做不到位，就不会步调一致，就不会心往一处想，劲往一处使，军队就不会有战斗力。正是因为解放军在这些小事情上养成了一丝不苟的精神，所以，解放军干什么都很认真。认真学习、认真训练、认真工作……因此，解放军才能做成打败侵略者、建立新中国这样的大事。

■ 细节决定成败

民国时期，大书法家于右任写了一张“不得随处小便”的字条贴于公厕。有一个人仰慕于的书法，就偷走字条，将字裁开，重新排序，变成了一句格言：小处不得随便。这句话表达了深刻的道理：事情不论大小，都得认真去做。

1923年，美国福特公司的一台大型电机发生了故障，公司的工程师们一连数月都查找不出原因。后来，他们请来了移居美国的德国科学家斯坦敏茨。斯坦敏茨用粉笔在电机的一个部位画了一条线，说：“把此处的线圈减少16匝，故障就可排除。”工程师们照办了，电机果然运转如常。

事后，斯坦敏茨向福特公司索取1万美元的酬金。有人说画一条线要1万美元简直是在敲竹杠！斯坦敏茨说：“粉笔画一条线，1美元；知道在哪划线，9999美元。”

这个故事过去是用来说明知识就是金钱，但这个故事同样可以说明：小事做好就是大事！

解放军之所以能够由小变大，以弱胜强，就是在于能将睡觉、起床、集合、报数、军姿、军容、吃饭等日常小事情做得好、做得到位。小事情虽然小，但能不能做好它却是一件大事，从中能够反映出一个人、一个团队的基本素质，比如责任心、敬业精神、工作态度等等。

企业家做企业也是一样，企业战略、企业文化、企业制度、企业管理等等的大事情，都必定是从认真做好一件件小事情中去落实、去得到执行的。

海尔集团与众不同的素质就是体现在一件件小事情上面。比如，每一块玻璃都擦得一干二净，地板亮得像面镜子，机器设备无一丝灰尘，车间里只听见机器响动而无人声喧哗，工人走路都靠右行，员工在离开自己的座位时会将座椅推进桌洞里……

要知道，在张瑞敏来海尔之前，海尔的员工居然可以在车间里随意大小便。如此翻天覆地的变化，正是来自于张瑞敏的“把每一件简单的事做好就是不简单；把每一件平凡的事做好就是不平凡”的管理思想。

张瑞敏曾批评一些干部说：“目标订得很大，但工作不细，只在面上号召一下，浮浮夸夸，马马虎虎。失败了不知错在何处，成功了不知胜在何处，欲速则不达。”海尔著名的OEC管理模式其实就是强调要将小事情做好。企业和每个员工只要做好每一天的工作，就是一件大事，因为这样就能够一步步实现宏伟的战略目标。

■ 小缺点会变成大错误

孟子说：“天下大事，必作于细；天下难事，必成于易。”不积跬步无以至千里，不积小流无以成江海。任何大事都要从小处做起，从细微之处着手。世界上，想做大事的人很多，但愿意把小事做细的人很少；企业从来不缺少雄韬伟略的战略家，缺少的是精益求精的执行者。

1998年2月，在古井集团第一次厕所管理专题会议上，董事长王效金指出，厕所管理看似小事，但事情越小，就越难管理。如果我们真的把厕所管好了，那么，古井的管理就可说是步入现代化了。由厕所的管理而见到一个企业整体素质的高低，企业家应该具有这种独到、犀利的眼光。

古人说“一屋不扫，何以扫天下”，扫天下的能力和心态是通过持续性地扫一屋而积累和培养出来的。整天只想扫天下而不想扫一室的人肯定没有扫天下的能力和心态，不仅天下扫不了，而且一屋也肯定扫不好。

飞龙集团1990年创办时，注册资金只有75万元，第二年就实现利润400万元，1992年实现利润6000万元，1993年、1994年连续两年利润超过两个亿。这个靠飞燕减肥茶起家、靠延生护宝液发财的民营企业，资本积累速度绝不亚于海尔，可为什么1995年一遇上保健品市场下滑就一蹶不振了呢？

总裁姜伟经过两年时间的闭门思过，给自已归纳出20大失误，其中一大失误是“管理规章不实不细”。飞龙在6年的发展中制定了无数条规章和纪律，规章制度已经比较完整，但大部分没有得到执行，也就是员工没有按照规章制度去认真做好。

类似的企业悲剧还有很多，好多都是完全可以避免的，就是因为对一些小事情不认真去做，将小缺点慢慢演变成了大错误，从而造成了巨大的损失。

■ 以小见大

福特大学毕业后，去一家汽车公司应聘。一进董事长的办公室，他发现门口地上有一张废纸，就弯腰捡起来扔进了废纸篓里。董事长看见后说：“福特先生，你已被我们录用了。”福特很惊讶地问道：“董事长，我觉得前几位都比我好，你怎么录用我了？”董事长说：“前面3位的确学历比你高，且仪表堂堂，但是他们眼睛只能‘看见’大事，而看不见小事。你的眼睛能看见小事。我认为能看见小事的人，将来自然能看到大事。一个只能‘看见’大事的人，他会忽略很多小事的，他是不会成功的。因此，我才录用你。”

福特就这样进了这家公司。以后这个公司不仅改名为“福特”，而且扬名天下，并改变了整个美国国民经济状况，使美国的汽车产业在世界独占鳌头。这个因为一张废纸而起家的福特就是今天“美国福特公司”的创造人福特。

卡耐基曾经说：“一个不注意小事情的人，永远不会成就大事业。”成功者之所以能成功，并非他们的先天条件多么优越，而是他们在小事情上比其他人下了更多的工夫。

企业家带兵也要明白这个道理，如果无论做什么事情，都要让员工踏踏实实地去做好、做细、做精，那么取得的效果会是意想不到的。

在海尔，就有这样一个“一块香蕉皮带来一笔生意”的故事。那是在1996年9月17日，黑龙江双城百货公司的张经理召集三个同行业厂家的营销员洽谈合同意向，谈完事情出门时，那两个厂的人走在前面，海尔洗衣机公司的阿维走在后面。阿维一出门就发现地上有一块香蕉皮，觉得很刺眼，又怕它会使人滑倒，就将香蕉皮拾起来扔进了墙角的纸篓里。

当天晚上10点，阿维就接到张经理的电话，说他要加大海尔洗衣机的进货量，让阿维尽快发货。很久以后，张经理才告诉阿维他为什么作出那个决定：商场自1993年开张以来，先后经销过4个厂家的洗衣机，比较起来还是海尔产品的质量、信誉和服务好，单是营销员的素质就不一样，比如那天地上的香蕉皮……阿维一下子明白了，那块香蕉皮成了张经理决策的重要原因之一。

为了让员工认真做好每一个产品、每一件小事，张瑞敏要求员工“每天比昨天做得更好”。他打了一个很形象的比喻，把一元钱存到银行里，如果它的利率是1%，按复利计算，到70天的时候，连本带利就变成两元钱。如果每天的工作都能比昨天高1%，70天以后工作效率就会提高一倍。因此，它要求每一位海尔员工每天把每一件事都要做到位。

这好比红军的万里长征是一步一步走出来的、解放军吃掉国民党几百万军队也是一个个消灭的道理一样。企业家管理企业，不仅自己而且让员工将小事情一点一滴地认真做好，循序渐进，步步为营，企业最终一定会成活、成长、成熟、成功的。

四、革命靠自觉

中国人民解放军有这样一个好传统，就是在战场上，假如部队被打散或者一些士兵掉队之后，这些人员形散而神不散，并不会失去战斗力，经常是自觉地组成战斗小组，始终保持高昂的士气坚持战斗，照样给敌人以致命的打击。

■ “革命靠自觉”

解放军有句话叫“革命靠自觉”。自觉就是自愿，是自己认识到应该主动去做什么事情，所以才心甘情愿地去做。红军以及后来的八路军、解放军从来不发薪水。战士们吃穿极差，但红军却能在如此艰苦的条件下长盛不衰，这就是因为他们具有自觉性，用政治语言说，就是“觉悟高”。

20世纪90年代，中国一代表团到韩国洽谈商务。代表团车队的先导车由于开得较快，为了等待后续车辆，暂停在了高速公路的临时停车带。一个现代汽车集团的职员见状，主动停靠过来问车辆是否出了什么问题，是否需要他们的帮忙。现代员工的自觉性让代表团的成员叹服不已。

在德意志民族中有一个古老的信条是：上帝给每一个人都指定了一项天职，每个人都有责任尽力做好。正是因为对自觉的工作具有了自觉性与责任感，德国人才能以高效率创造了经济奇迹，能从二战后的废墟中迅速地站立起来，能出现诸如大众、奔驰、宝马这样的大公司。

自觉就意味着高效率，就意味着在竞争中占据有利地位。有一次，西安扬森公司的几位员工陪着客户旅游，正当宾主双方欢声笑语的时候，突然遇上了一场大雨。这时，令人感动的场面出现了：扬森公司的员工们不约而同地脱下自己的西服，用手张开，围成人伞，让客户免受风吹雨淋。这场面不但令客户惊讶、感动，也令在场的每一位游客由衷地赞叹。一个团队的成员如此具有自觉性，那么西安扬森之所以能够在医药行业中一路领先也就不足为怪了。

■ 多干一点儿

解放军战士只要听说有仗打，就会乐开花，那高兴的劲头就像年轻人谈恋爱。他们喜欢抢任务，抢硬仗，抢不到还会发牢骚，回去还被其他战士骂。在战斗中，假如没有作战任务，他们会对上级唠叨说：“首长，快让我们上吧！”

因为解放军喜欢争着去打大仗、打硬仗，自然就会在战斗中充分发挥人的主观能动性，他们会克服一切困难，去想方设法打赢。革命靠自觉，一个人有了自觉性，才会自觉自愿、不遗余力、不计报酬地将工作努力做好；假如一个团队的所有成员都具有自觉精神，那么就容易干出一番大事业，而且创造出的业绩肯定是能让对手信服的。

1999年4月，海尔集团在美国南卡罗来纳州建厂。当对方的合作伙伴R先生得知海尔在美国建厂的负责人徐洪泰是第一次到美国时，硬是把他拉到了迪斯尼乐园门口。但为了抢时间工作，徐洪泰婉言谢绝了对方的盛情。海尔人的这种自觉精神让R先生感动地伸出了大拇指说："我接待了上百个代表团，不提到迪斯尼乐园玩一玩的，海尔人是第一个！现在我明白了，为什么海尔在短短十几年的发展过程中会产生这么多奇迹！"

员工干工作的"要我干"与"我要干"的差别，犹如学生读书的"要我学"与"我要学"的差别一样，都是有着显著的差别的，原因就是对工作学习有没有自觉性。有研究表明，如果一个人对工作有着自信，那么就能发挥出全部才能的80%～90%；如果一个人对工作没有兴趣，就只能发挥出20%～30%的才能。

美国著名投资学家坦普尔顿经曾提出"多一盎司定律"：取得突出成就的人与取得中等成就的人，几乎做了同样多的工作，不同之处仅仅在于前者"多加了一盎司"。"多加一盎司"就是在学习中多读一本好书，训练中多练习一次，工作中多流一滴汗水……多干一点儿总是好事情，哪怕只是多接听一个电话、多整理一份小结，就会多一次出人头地的机会，多一分成功的希望。

美国前总统林肯出身贫寒，有人问他为什么能当上总统，林肯说："每次获得一次工作的机会，我都会怀着感恩的心情，自觉地去加倍努力做好工作。我能干好每一个我干过的职位，所以我也能干好总统这个职位。"

企业家怎样才能让员工在工作中"多加一盎司"呢？那就得培养他们的自觉性。没有自觉性的工作，就是当一天和尚撞一天钟，得过且过；有了自觉性的工作，才能投入自己全部的热情和智慧，去创造性地工作并最终取得良好的效果。

■ 在自觉自愿中成长

美军为什么会在朝鲜战争中失败，那是因为美军为拿工资奖金而打仗，所以能打就勉强打，打不赢就跑，遇到危险就举手投降。而志愿军心中有着爱国热情、民族尊严，对打仗是心甘情愿的。所以不怕危险、士气如虹、坚忍不拔，最终赢得了"小米步枪对抗飞机大炮"的胜利结局。

作为微波炉界"大白鲨"的格兰仕，他们对员工的管理就是从志愿军那里学习经验，认为企业最需要的就是对工作能始终保持自觉性的员工。为了提高员工对工作的兴趣，格兰仕用工作本身的意义和挑战、未来发展空间、良好信任的工作氛围来激励他们。格兰仕的岗位设置相当精简，每个工作岗位的职责范围很宽，这给员工提供了一个大的舞台，可以尽情发挥自己的才干。所以，在格兰仕没有人要求员工加班，但是加班却是经常有的事情。

许晖是华为海外市场部的一名普通秘书。因为华为秘书的工作比较琐碎，凡是不清楚该谁做的事都由秘书来做，所以她一连好几个月没有休息过一天。突然有一天，她向领导请假两个小时，说去办急事。领导询问事由。她大声说："给我两个小时，让我嫁出去。否则就嫁不出去了！"结果，她就用这两个小时领了结婚证，但没有休一天婚假，仍然自觉自愿为公司做那些做不完的琐碎工作。

这就是华为员工的自觉性。有人指责华为"将女人当男人使，将男人当机器使"，但华为的员工几乎全部是自觉自愿地将所有精力用在工作上。他们工作起来不要命，时常深夜加班，吃盒饭，在办公室打地铺。自觉精神，既是华为能成为本土最优秀的企业之一的原因，更是值得其他企业学习的地方。

在企业管理中，许多事情之所以无人落实或落实不到位，不是没有相关的要求与规章制度，更不是没有落实的条件，关键是员工缺乏革命靠自觉的意识。该管的事不认真管，该干的工作不主动干，该负的责任不自觉负责，该完成的任务不用心完成。如此这般，企业怎么会有长足的进步与发展？

因此，企业家最轻松的带兵之道就是，让员工在工作中处于自觉的状态，使其在各自的岗位上积极主动、任劳任怨地工作，这样能使每个员工的聪明才智都有用武之地，在成就员工的事业的同时也能成就企业的辉煌。

五、做好传帮带

传帮带是解放军的好传统、好作风。在红军时期，就逐步摸索出了一套培训新战士的方法——传帮带。在部队里，那些老兵在自己苦练技术的同时，注意把关心、培养和使用有机地结合起来，及时解决新兵的实际困难。对他们不了解部队、不熟悉士兵生活的短处，采取有效措施，缺啥补啥，实施有针对性的传帮带，帮助新兵尽快地适应部队生活。

■ 人才速成

“铁打的营盘，流水的兵”，企业也是一样。企业每年都会招收一批新员工，如何让新兵迅速地掌握基本技能，适应岗位需要，是摆在每一位企业管理者面前的一个难题。让新员工迅速掌握技能，是企业发展的需要，它与新战士掌握技能是军队战斗力的保证是一个道理。

在中国古代十大商帮之中，晋商为什么能雄踞徽商、粤商等商帮之上，成为商帮之首呢？这与他们独特的学徒制是分不开的。

首先是对学徒的录用十分严格。学徒必须年龄在15至20岁之间，五官端正，仪态大方，家世清白，此外，还要懂礼貌，善珠算，精楷书，能吃苦。另一方面，学徒进入商号后，商号会派年资较深者担任教师对学徒进行传帮带。这包括两个方面：一是业务技术，包括珠算、习字、抄录信稿、记账、写信等，学习蒙、满、俄语，了解商品性能，熟记银两成色；二是职业道德训练，主要有重信义、除虚伪、节情欲、敦品行、贵忠诚、鄙利己、奉博爱、薄嫉恨、幸辛苦、戒奢华等等。

山西商人对学徒的要求之严，有谚语这样说：“十年寒窗考状元，十年学商倍加难。”由于晋商对学徒制的传帮带很严格、很细致，从而培育了不少商业人才，保证了能够持续称霸商帮几百年。

晋商的成功经验给我们的启示就是，企业家对于新来的员工，虽然可以“招之即来”，但未必能够“来之能战”，更不要指望“战之能胜”。因此，对新员工的传帮带显得尤其重要。

■ 抓紧培养接班人

金山公司对新员工的培训，提出了“大学5年级”这样特殊的概念。因为现在绝大多数刚进入社会的大学生或多或少都会感到有些无所适从，而且第一份工作对日后个人的发展影响非常大，会在很大程度上左右将来的职业价值取向、职业习惯和职业道德等。

因此，金山为大学毕业生提供了一段衔接时间，一个从“校园”到“社会”的缓冲区，以便让毕业生们可以更平稳地过渡。通过传帮带，新员工认同了公司的企业文化和价值观，产生了工作的激情，主动将更多的时间和精力投入到工作之中。

IBM就将传帮带视为自己公司的一个绝招，这体现在他们最有名的“接班人计划”上面。IBM公司里所有重要的职位都有一个接班人计划：未来一年中，可以接任这个工作的是什么人？未来三五年中，可以接任的人是谁？对于能够接任的人，IBM就找一些良师益友使他们能够迅速成长。所谓的良师益友就是公司里的老员工，通过老师傅带新人，把老师傅数十年的经验传承下来，让潜在的领导者能够挑起大梁。

英特尔公司对于人才培养的独到之处并不亚于他们制造出来的芯

片。他们为了保持公司文化和辉煌成就的延续，采用了“一带一”的手法去培养经理人。英特尔4位赫赫有名的总裁都是通过这种方法带出来的。公司CEO葛鲁夫曾多次说过，任何管理者的一项关键工作就是为继任者铺路，而为继任者铺路的最好方式就是搞好传帮带，这样能够确保平稳过渡。

■ 授人以鱼，不如授人以渔

传帮带就是根据实际情况，按照需要去进行有针对性的帮助，从而尽快地提高新人的各种能力，让新人能尽早发挥作用。

人力资源专家通过研究得出结论，对新员工进行传帮带是留住员工的重要措施，它能起到三个作用：工作上的指导、精神上的鼓励与岗位职责上的示范。而且，经受过传帮带的员工比没有受过传帮带的员工更关心企业，更热爱本职工作，更愿意继续留在企业工作。这就是为什么越来越多的企业对传帮带越来越重视的原因。

传帮带是一件艰苦的工作，需要下真功夫、慢工夫、细工夫，花大气力。企业家要舍得花时间、花精力，经常与下属面对面地讲，手把手地带，一点一滴地教，这样才能培养出优秀的员工。

大企业一般每年都要引进一批新人，但他们进入企业后，往往待上一段时间，就会出现一个跳槽高峰期。这固然与年轻人思想不稳定、工作不踏实有一定的关系，但是企业也应该好好反思，自己做好传帮带了吗？

海尔作为一个世界级的名牌企业，每年招录上千名大学生，但是离职率一直很低。那么，海尔是怎样对新员工做传帮带的呢？

海尔首先会确定待遇和条件，让新人思想稳定，接下来会举行新老员工见面会，让师兄师姐用自己的亲身经历讲述对海尔的感受，使新员工尽快客观了解海尔。同时各部门的主管与新人面对面地沟通，解决他们心中的疑问，不回避海尔存在的问题，并鼓励他们发现、提出问题。

对下级搞好传帮带是海尔各级管理人员义不容辞的职责。除了前面的导入培训，海尔还要花费近一年的时间对新员工进行传帮带，让新人在车间实习、部门实习、市场实习等等一系列的培训中尽快成长，成为能与海尔同呼吸共命运、能为海尔添砖加瓦的一名合格的员工。

某影视文化广告公司因为项目集中，就启用了很多新人。新人因为没有工作经验，导致很多环节都出现了纰漏。于是，经理将制片的工作流程、职责以及相关经验整理下来，发给每个新人，同时安排老制片对新人传帮带。最后，项目圆满完成。

传帮带还是培养员工的最有效、最直接、最便捷的方式，也是企业经验的分享与传承。

华为从生产、市场和管理的一线抽派员工与新人进行近距离交流，而且采用案例教学，这样不但保证了课程的生动性，而且让培训永远不与现实脱节。这就保证了企业经验的延续和管理人才的储备。

邓小平曾经指出，对年轻干部的培养，就是要选准人，搞好传帮带。传帮带的作用也在解放军和国内外许多著名的企业中都得到了充分的证明，它是新员工的一个“速成法”。

中国有句古语说得好，“授人以鱼，不如授人以渔”。企业家真正地做好传帮带这项工作，首先在思想上要爱护新人、帮助新人、扶持新人；然后，手把手地传，面对面地帮，心贴心地带。这样必定能将企业的辉煌传承下去，带出一支卓越的员工队伍。

六、激发出团队的战斗力

1933年7月9日，为了奖励在对敌斗争中有特殊功绩的红军官兵，中华苏维埃中央革命军事委员会发布命令，提出在八一建军纪念日颁发红星奖章。除了全军性的红星奖章，红军各部队还颁发过一些奖章，以奖励作战有功的红军指战员。如红二方面军的“特级优胜奖章”，红四方面军、三十军的“战士奖章”，红四军第三纵队奖章，红军十七师的“英勇的模范奖章”等。一直到现在，这种为表彰杰出的战士和军官颁发的各种奖章、勋章和纪念章的形式还在延续。

■ 不花钱的激励

颁发奖章、勋章是解放军的一项重要的激励方法，对于激发官兵的上进心和荣誉感，鼓舞士气，巩固和提高部队的战斗力，具有重要作用，历来受到各国军队的重视。拿破仑曾经讲过一句话，“士兵不会为金钱而献身，而会为勋章而献身”，小小奖章带来的激励作用能大大提高团队的战斗力。

在海尔，荣誉室里悬挂着国家领导人给海尔的题字，以及海尔历年来荣获的各项荣誉证书、奖章、金牌等；在华为，任正非每次在新员工的培训会上，都会慷慨激昂地发表一番“煽动性”很强的讲话，其中用得最多的就是“奋斗精神”、“速度”、“冲刺”、“破釜沉舟”、“活下去”等字眼。海尔与华为各自不同的激励方式，目的却是一样的，就是激励出整个员工队伍的战斗力。

1946年、1947年的东北战场上，为了提高部队的战斗力，解放军搞了场声势浩大的“两忆三查”活动，忆苦思甜，让战士认识到了为保卫属于自己的一亩三分地，就应该坚决地去战斗。通过这种激励方式，战士们纷纷向首长写“请战书”，割破手指写“血书”，向家属写“遗书”……部队的战斗力迅速地得到了明显的提高。

柳传志的军队经历使他深深明白这一点，他说：“军人一入伍，就要‘忆苦思甜’，要明确为谁来当兵为谁来打仗。当时连续三天，停止一切活动，要共同回忆家里面的历史，回忆旧社会的迫害，有时大家简直泣不成声。现在我讲，做企业、带队伍的第一条就是要让员工做事有积极性，受到激励，这和让战士爱打仗是一样的。确实是因为这种氛围一旦造出来就非常厉害，对提高企业执行力有极大的帮助。”

因此，一个企业要建立起完善的激励制度。从选人、用人、育人、留人四方面入手，通过各种培训和建立激励、约束、竞争机制，调动起员工的积极性，激发员工的潜能，最大限度地发挥个人能力，增强员工的事业心及敬业精神，增强企业凝聚力，促进企业不断发展。

■ 无声胜有声

中国古代兵法上讲，“遣将不如激将”。每个人都有着不甘落后的自尊心、荣誉感，假如企业家能够善于利用这一点，就一定能够最大限度地激励出团队的战斗力。

1912年，美国钢铁大王卡内基以100万年薪，聘请查理·斯瓦伯为该公司第一任总裁时，全美企业界为之议论纷纷。因为在当时，百万年薪已是全美最高，而斯瓦伯对钢铁并不十分内行。卡内基为何要付那么高的薪水呢？原来卡内基看重的是他善于激励员工的特殊才干。

斯瓦伯上任后不久，来到一家产量落后的钢铁厂。他问该厂厂长为什么产量老是落后。厂长回答说："我好话与歹话都说尽了，甚至拿免职来恐吓他们，没想到工人软硬都不吃，依然懒懒散散。"

那时正是日班快下班之时。当得知日班炼了6吨钢时，斯瓦伯就用粉笔在地上写了一个很大的"6"字，然后默不作声地离去。夜班工人知道此事后，很不服气，于是努力工作，将地上的"6"字改写为了"7"字。日班工人知道输给了夜班工人，内心很不是滋味，他们加倍努力，结果那一天炼出了10吨钢。

在日夜班工人不断的竞赛之下，这家工厂的情况逐渐改善。不久之后，其产量竟然跃居为所有钢铁厂之冠。斯瓦伯只用一支粉笔就能鼓舞人们奋发向上的本领，这就是他获得全美最高薪的主要原因。

■ 常用的激励方法

所谓激励，就是通过一定措施来满足员工的正当需求，来达到留住人才与激发员工工作热情与潜能的目的。留住人才，激发员工最大的工作潜能，是激励机制最主要的两个目的。一般来说，企业家激励员工常见的方法如下：

物质激励

所有员工都希望自己能从工作中获得满足。包括工资待遇在内的物质是满足员工生存需要的重要手段。有了物质基础，不仅感到生活有保障，而且还是社会地位、角色扮演和个人成就的象征，具有重要的心理激励意义。

IBM设立了一系列别出心裁的激励创新人员的制度：对有创新成功经历者，提供其5年时间和必要的物质支持，从而使其有足够的时间和资金进行创新活动。IBM的这种非同一般的激励制度，充分发掘了员工的潜能。

工作激励

工作能让员工的才能得到更大的发挥、扩展个人成就、增加表彰机会、提供晋升或成长的机会等等，所以，工作本身也能起到激励作用。如果一位员工在工作中能不断地得到发展，那么他往往是一位勤奋、愉快的雇员，其创造力、聪明才智会得到充分的发挥。

支持激励

一个好的企业家，应支持员工自己出主意、想办法，积极肯定员工的工作成绩，这能让员工感觉工作起来有盼头，有奔头，进而促进员工创造出更大的价值。

最初海尔开始宣传“人人是人才”时，员工反应很平淡。因为他们想一个小工人算什么人才？但是当海尔把一个普通工人发明的一项技术以这位工人的名字命名时，在工人中就很快就兴起了技术革新之风。

竞赛激励

为什么解放军通过大比武，不仅能够涌现出不少精英，还能带动整个连队积极向上的精神风貌呢？是因为人人都有好胜、好强的心理，通过竞赛树立先进，是对先进分子的肯定，更能刺激全体员工向先进学习，从而涌现出更多的“先进”，形成良性循环，促进发展。

荣誉激励

解放军的每个连队都有着自己的荣誉室，在这里，战士们能够了解到该部队的光荣历史，奖旗、奖杯、奖章，记载着一次次显赫的战功。每年新兵参观之后，大家都以能够成为解放军这个伟大军队的一分子为荣，并时刻用这一荣耀来激励自己。

七、训练，训练，再训练

张桃芳，朝鲜战场上的神枪手。这个当时年仅22岁的年轻战士，在上甘岭阻击战中，用442发子弹，歼敌214名，创造了朝鲜前线我军冷枪杀敌的最高纪录，同时也是现代战争史上狙击敌人的最高纪录。

为什么张桃芳的技术这么神奇？很普通的武器到了他手里，为什么就变得威力无穷？答案是：训练，训练，再训练！

■ 台上三分钟，台下十年功

熟能生巧，巧能生精，不管哪个行业，企业家都要让员工多练练，才能将普通员工训练成行家里手。这就好比解放军通过训练、训练、再训练，将一批又一批的青年，训练成了一个个优秀的士兵，解放军自身也因此训练成了一支战无不胜的军队。

古人云：治兵之要，教戒为先。不教则不明，不练则不习。讲的就是军事训练的重要性。曾担任过军委副主席的刘华清上将说："古往今来，任何一个国家的军队都强调强化军事训练。训练是实现人和武器结合的最重要环节，是提高军队战斗力的基本途径。武器装备的现代化固然是军队建设的物质基础，但一支缺乏训练的军队，装备再精良也打不了胜仗，决定性的因素还是训练有素的官兵。"

北宋有一个叫陈尧咨的人，射箭技艺非常高超。一天，他在训练场上练习射箭，箭全部射中靶心，大家都称赞他的技艺，他感到非常骄傲。但观看的人群中有个卖油的老翁只是淡淡地点点头，并不特别惊讶，这使得他很不高兴。于是，他问老翁道："你也懂射箭吗？我的技术难道不高明吗？"

这个老翁没有回答，只是把一个葫芦放在地上，接着把一枚铜钱放在葫芦口，然后从他的大油壶里舀起一勺油，从高处往放在地上的葫芦里倒。只见那油就像线一样从铜钱中间的小洞里滴下去，一滴都没有漏出来。围观者都惊呆了。而这个卖油翁却说："其实没什么大不了的，只不过是天天练习，熟能生巧而已。"

中国有些俗话说得很好，比如"台上三分钟，台下十年功"、"要想人前显贵，必定人后受罪"。那些杂技演员正是年复一年、日复一日地坚持训练，才能在舞台上献给观众们精彩的绝技。闻名世界的三大男高音歌唱家能有今天的成就，也离不开每天每日的训练。

■ 基本功决定成功

解放军十分重视军队的日常训练，随时做好战斗准备。1943年9月5日，毛泽东指示八路军："在冬季5个月中，实施全军普遍的彻底的军事训练，准备迎接大规模战争。”1946年5月1日，《中央关于练兵问题的指示》中指出：“接此指示后立即下令全军练兵，上级督促检查，将此看成决定胜负的关键之一。”

这两个英明的指示掀起了抗日战争和解放战争中的两次全军性的大练兵，为两次战争的最后胜利打下了坚实的基础。

“台塑集团”是台湾企业的王中之王，与台塑集团企业有着存亡与共关系的下游加工厂超过1500家，它是台湾唯一进入“世界企业500强”的企业王。其董事长王永庆在总结自己企业成功的经验时说，如果说取得成功有捷径的话，那捷径就是踏踏实实地从第一步迈起，一步步地练好基本功。为了说明这个道理，他举了一个卖冰激凌的例子。

如果想要冰激凌卖得比别人好，捷径就是在冬天开始训练如何卖冰激凌。因为在冬天，买冰激凌的人很少，必须卖力推销，并且严格控制成本，加强服务，才能使人家乐意光顾。这样一点一滴训练好基本功之后，等到夏天来了，力量便一下子壮大起来。因为冬天都可以卖得出冰淇淋，那么在夏天还怕什么呢?

《诸葛亮兵法》中说，如果士兵得不到应有的训练，那么一百名士兵也抵不上敌人的一个士兵；如果军队士兵受到了严格的训练，那么一名士兵就可抵挡百名敌人的进攻。

拿破仑说：“从来没有无能的士兵，只有无能的军官。”张瑞敏也说过类似的话。他对他的管理人员说，员工刚进入公司素质不高，不是你们的错，但一段时间后，员工的素质还是不高，就肯定是你们的错。

由此可见，企业对员工的训练，也就是培训是一件很重要的事情。海尔集团自始至终就本着“干什么学什么，缺什么补什么，急用先学，立竿见影”的培训原则，对员工进行训练再训练，建立了一个能够充分激发员工活力的人才培训机制，最大限度地激发了每个员工的活力，从而使企业保持了高速稳定的发展。

员工培训的重要性，其实很多企业家都知道这一点，很多企业往往会拿出其营业收入中一定比例的资金来用于培训。但怎样培训才能取得最大的效果呢？这还得向解放军学习，学习他们“高标准、严要求”、“一切从实战出发”的训练理念。

■ 先军训，再技术培训

战士要想在战场上、在生与死的考验面前保持钢铁的意志和强悍的战斗力，就必须经历艰苦的训练。这个道理，对企业团队同样适用。先培训好自己的员工队伍，训练训练再训练，这是每个企业家带兵的第一课。

华为对所有的新员工都要进行培训，培训过程跨时之长、内容之丰富、考评之严格，对于毕业生来说，简直就是“魔鬼培训”。但华为的这种培训，犹如解放军对“新兵连”的训练一样有效，这是很多企业想达到而达不到的效果。

华为的培训首先是军训。来自中央警卫团的教官们严厉的教风和高标准的要求，深深地锻炼着每个新员工。通过军训，不仅锻炼了新员工的身体，磨炼了他们的意志，还培养了新人的组织性、纪律性、集体主义意识、工作责任心以及迎难而上的精神，使得新员工的精神面貌发生了根本性的转变。

其次是技术培训。对于新员工来说，这个阶段可以帮助他们了解华为的产品与开发技术。包括产品的种类、性能，开发技术的特点等。这个环节是很痛苦的，因为培训的内容很多，密度很大，考试又很严格。要是不努力，在这个环节就会被淘汰下来。

理论需要与实践相结合，最好的训练就是军事演习。在技术培训结束后，华为也要给新员工搞一次实战演习，主要内容是让员工在深圳的繁华路段以高价卖一些生活用品。而且规定商品的销售价格必须比公司规定的价格高，不得降价。

经过这一系列的培训，新员工都有一种脱胎换骨的变化，基本上去除了毕业生的书生气，为分配到工作第一线做好了一切战斗准备。

■ 能力是训练出来的

军队的训练目的是为了赢得战争，所以训练就不能怕艰苦、不能怕流汗，甚至不能怕流血牺牲。1993年的美国报纸报道了一则消息：美军在4年多的时间里，训练死亡比战争死亡的人数多27倍；参加海湾战争的美军士兵，战争前的训练比实战还要艰险。

“像打仗一样训练，像训练一样打仗”，解放军的训练也是一切从实战出发。海军陆战队就是一个很好的例子，他们每天的10公里武装越野，甚至有机枪在头顶扫射……实战般的训练虽然残酷，但使得陆战队队员成为了能攻善守、所向无敌的“陆地猛虎，海中蛟龙，空降神兵”。

娃哈哈集团对员工的培训虽然不是十分规范，但他们并不是不重视，而是运用了特有的方式培训员工。比如对员工营销能力的培训，主要是通过《销售通报》来完成。由宗庆后亲自起草《销售通报》，平均两三天一份，从销售政策到营销理论，从批评、表扬到方法传授，内容之全面、方法之实用、学习之方便、费用之节省，都是企业形式的培训所无法做到的。这种培训体系不讲形式、一切从实战出发，取得了很好的效果。也许，娃哈哈的销售人员在理论上也许不如某些企业，但他们的战斗意志、实战能力却是不可比拟的。娃哈哈品牌在全国各地无处不在，就是训练效果最好的证明。

企业的一切经营活动最终是由员工来完成的，员工的能力如何决定了企业的实力，而员工的成长也就是企业的成长。训练产生战斗力，无论对军队还是对企业，这一点是毫无疑问的，这就是企业家对员工要训练训练再训练的理由。

八、敢与高手过招

一位动物学家在对生活在非洲奥兰治河两岸的羚羊群进行研究时发现，东岸的羚羊群的繁殖能力比西岸的强，奔跑速度平均每分钟也快13米。对这些差别，这位动物学家曾百思不得其解，因为这些羚羊的生存环境和属类都是相同的，饲料来源也一样。

有一年，在动物保护协会的协助下，这位动物学家在东西两岸各捉了10只羚羊，把它们分别送往对岸，结果运到西岸的10只一年后繁殖到了14只，送到东岸的10只只剩下了3只，那7只全被狼吃了。这时候，动物学家终于明白了，东岸的羚羊之所以强健，是因为它们的附近生活着一个狼群；西岸的羚羊之所以弱小，正是因为缺少这么一群天敌。

没有对手的动物往往最先灭绝，有对手的动物却会逐渐繁衍壮大。道理很简单，面对强大的对手，自己就必须时时警惕，并要锻炼出对付天敌的本领，例如那东岸羚羊的繁殖能力和奔跑速度；没有天敌则可以放松自己，久而久之，其生存能力也下降了，直至走向灭绝，就如同西岸的羚羊。

■ 有压力才有动力

与高手的挑战，不仅能使得自己迅速成长，而且很有可能战胜高手。因为人世间很多事情，不是“行不行”、“能不能”、“会不会”的问题，而是“敢不敢”的问题。解放军打仗不信邪，什么样的对手都敢会一会、打一打。他们正是敢于与国民党军队、日本侵略军、美军率领的联合国部队等诸多高手对抗，才使得自己最终战胜了高手而成为了高手中的高手。

K骑兵1师是美国陆军的宠儿，享有“开国元勋师”的美誉。该师创建于独立战争时期，参加过两次世界大战，组建160余年来从未吃过败仗。朝鲜战争爆发后，K骑兵1师作为陆军“王牌”首批入朝，且一直担当主攻任务。

面对这样强劲的对手，中国人民志愿军没有退缩，更没有害怕，而是勇敢地与敌人较量。1950年11月，志愿军劲旅39军将K骑兵1师8团包围住了，骑8团濒临灭顶之灾。为了援救骑8团，K骑兵1师立即组织骑5团进行增援。

一场王牌对王牌的较量开始了。虽然美军动用飞机、重炮和坦克狂轰滥炸，把阵地变成一片火海，但志愿军将士浴血拼杀，死战不退。经过两天两夜的苦战，骑5团不仅未能前进一步，反而在阵地前抛尸400具，骑5团团长也在战斗中被击毙。

严酷的现实使骑兵1师的师长盖伊少将认识到：面对铁桶般的包围和志愿军的勇猛攻击，任何企图救援骑8团的努力都是徒劳的，很可能还会全军覆没。因此，他不得不决定放弃救援，让骑8团自行突围。几天后，骑8团终被英勇的志愿军战士全歼。

这是中美军队在朝鲜的首次交锋。志愿军不仅打破了美军不可战胜的神话，而且使“开国元勋师”遭遇了160多年来的首次失败。不仅让全世界为之震动，而且证明了中国人民解放军才是真正的王牌部队。

有压力才有动力，万科虽然与美国的房地产巨头普尔特没有直接的竞争，但他们却将普尔特作为心中暗自较量的竞争对手。因为万科20年持续盈利，而普尔特却持续52年盈利；普尔特对于股东的回报率是18%，而万科目前只能做到11%～12%；普尔特在美国房地产市场上的占有率是53%，而万科现在只有1%……

这种压力让万科一直保持着前进的动力，虽然现在万科从实力上还没有战胜普尔特，但因为他们能与高手较劲，至少使得万科成为了国内房地产业的优秀企业。

■ 有对手是好事

美军步兵第7师第31加强步兵团曾被威尔逊总统授予“北极熊团”称号，但在抗美援朝中的第二次战役新兴里战斗中，却被我志愿军第27军用极端劣势的装备全歼。上至团长，下至士兵，无一人漏网。这个曾经不可一世的“王牌团”番号，从此永远地从美军战斗序列中消失了。

找到强大的对手，与其过过招，并最终战胜它，既能提高自己的军心，又能击溃敌人的信心。这个军队在战场中的战术也是一个企业做大做强的好办法。

有人会因为对手强大而胆怯，也有人会因为挑战巨人而自己也成为巨人。北京之所以能在申奥中取得圆满的成功和骄人的成绩，那是因为作为竞争对手的巴黎、多伦多实力也很强大；同样，上海在赢得申博中的良好表现，也是与有俄罗斯的莫斯科、韩国的丽水这样优秀的对手分不开的。

经营企业与带兵打仗是一样的，如果害怕与强者较量，自己永远会是弱者；只有敢于与强者对话，才有可能最终打败对手，使得自己成为强中强、王中王。

1998年6月，法国足球世界杯期间，电视台里循环播放着世界上著名企业的广告，在这些广告中很少看到中国商家的广告。就在世界杯要开始的时候，浙江娃哈哈公司的广告突然出现，向全中国宣布娃哈哈推出“中国人自己的可乐”，并把其定名为“非常可乐”。

按照娃哈哈的计划，“非常可乐”应该在1998年3月份就推出了，后来推迟到世界杯的开幕。除了顺应世界杯的时间这个原因外，另外一个原因起到了很大的作用。

原来，娃哈哈的老总宗庆后去了趟美国。他随身带了两瓶可乐，一瓶“非常可乐”，一瓶是在国内生产的“可口可乐”。下了飞机后又买了一瓶本土的“可口可乐”。他把三瓶可乐的标签撕掉，让美国的专家品尝。结果是令人鼓舞的，也使得宗庆后的信心十足。“我们以‘非常可乐’向世人证明，外国人能做的，中国人也一定能做到，而且我们有理由、有信心做得更好。”宗庆后后来说。到了1998年6月，杭州娃哈哈集团推出“非常可乐”，向世界第一品牌发起冲击。

“非常可乐”目前在市场上供不应求，始终保持着快速增长的势头。“非常可乐”挑战世界第一品牌一年的实践，再一次向世界证明了“娃哈哈”人的志气，显示了娃哈哈良好的发展势头和潜力。

海尔集团首席执行官张瑞敏对海尔的国际化策略有一个形象的比喻：下棋找高手。在张瑞敏眼中，海尔国际化就像是一盘棋，而要提高棋艺，最好的办法就是找高手下棋。张瑞敏选择的高手是欧洲和美国。他在很早之前还提出，想要自己不被狼吃掉，就得先成为狼。应对跨国公司的挑战最好的办法就是自己也成为跨国公司，否则，结果只有一个：被吃掉。

海尔在与狼共舞的过程中，得到了蓬勃的发展，连续16年每年以80%的速度增长，目前已经占领了美国市场上200立升以下的电冰箱30%的市场，海外制造基地达到12个，海外设计中心8个，营销网点38000个。海尔产品已进入160多个国家和地区，成为了全球第四大白色家电厂商。

一个企业在市场中会面对国内外的很多先进企业，面对这些高手，该怎么办？那就得学解放军敢与美军的王牌部队过招，就得学海尔选择国际家电巨头作为对手。敢与高手交锋，才能缩小这种差距、提高自己，才能感觉到奋斗的快乐与胜利后的光荣。

第五章
干部就是决定因素

如果把一个企业比作一个人，高层管理者就是大脑，普通员工就是四肢，大脑的指令要变成四肢的行动，需要神经系统的传递，中层干部就是一个企业的神经系统。

一、干部就是主心骨

干部就是主心骨！解放军之所以不可战胜，正是因为有着一大批杰出的将领。看看开国时的十大元帅、十位大将以及几百名上将、中将、少将，哪一个不是久经沙场、能征善战的猛将！比如援越抗法时的陈赓大将、攻打大陈列岛的张爱萍中将、中印战争的前线指挥张国华中将、珍宝岛战斗前线指挥肖全夫少将等等。给人的感觉就是，随便拉一个将军出来，就能保证解放军无往不胜。

■ 中层干部是团队的脊梁

1935年，斯大林提出了“干部决定一切”的口号。之后，前苏联通过各种途径，大力培养、训练经济工作干部，充分发挥现有技术力量的作用，提高工程技术人员的水平，大胆提拔富有创造性和实践经验的熟练工人，扩大技术队伍。

到了1937年，前苏联全国知识分子干部已达960多万人，其中技术人才达400万人以上。高等学校在校人数达54万人，超过英、法、德、日、意在校大学生人数的总和。在斯大林的“干部决定一切”口号的推动下，前苏联的国民经济得到迅速发展。

中国抗战胜利后，中共中央依据“向北发展，向南防御”的战略方针，从各解放区抽调总共10万人马进入东北。结果几年之后，这10万人马发展成了百万雄师，从东北一直打到海南岛，势如破竹、无坚不摧。东北部队能够迅速壮大的一个重要原因，就是中共中央高瞻远瞩，派了两万名干部跟随部队进入东北。

迅速壮大的华为集团与东北野战军有些类似。1988年，华为只有14人，20世纪90年代中期之后，人数一年比一年猛增。1995年是800多人，1997年是5600人，1999年是15000人，2003年是22000人。华为能够奇迹般地扩张而整个组织不混乱，就是得力于有一大批从“火线”上提拔起来的中层管理者。

在一个小企业里，企业家可以直接管理员工，但是企业发展壮大之后，企业家就管不过来了，这个时候，中层干部就自然而然地出现了。就好像水泊梁山是随着108位好汉不断入伙而一步步发展壮大的，这些好汉不相当于中层干部吗？所以山寨就迅速兴旺发达起来了。

还有中国历史上唯一的红顶商人胡雪岩，他能在短短十来年的时间里，将当时最赚钱的生意，如钱庄、当铺、生丝、军火、粮食、房产等做全了，如果没有一大批掌柜、挡手、阿大等相当于今天的职业经理人类型的人才帮助，是不可能做到的。

因为中层干部介于领导者与基层员工之间，这种中间地位凸现出了中层干部的特殊性与重要性。如果把一个企业比作一个人，高层管理者就是大脑，中层就是脊梁，要替大脑传达和执行命令到四肢的是基层。所以，中层干部是企业的中坚力量，他们素质的好与差、能力能否得到充分发挥，直接影响到企业的实力与发展。

■ 二八法则

犹太人有一个著名的“二八法则”。他们认为，在整个人类当中，富人与普通人的数量比例也大约是20：80，而富人总共拥有的财富，与普通人总共拥有的财富之比正好颠倒过来——大约是80：20。因此，他们做生意就是喜欢赚有钱人的钱，结果自己也赚了钱。

“20：80”其实是一条宇宙间的大法则，在空气的成分中，氮与氧等的比例大约是80：20；在我们每个人的身体中，水分与其他物质成分的比例也是80：20。

这个法则说明什么问题呢？那就是某些多数的因素只能造成少许的影响，而某些少数的因素则能造成主要的、重大的影响。用在企业管理上，就是20%的中层干部对企业起着80%的作用，而80%的员工起着20%的作用；而用在市场营销中，则体现为，推销员80%的收入来源于20%的客户。

三星集团的董事长李健熙最高明的地方就在于善于使用这20%的人才。他非常开明，唯才是用，大力提拔年轻的储备干部担任领导岗位，例如三星电子副会长兼CEO尹钟龙、三星电子旗下数字多媒体网络部社长兼CEO陈大济、设备解决方案网络部社长兼CEO李润雨、通信网络部社长兼CEO李基太、数字家电网络部社长兼CEO韩龙外等，都是他一手提拔起来的得力干将。正因为如此，使得三星集团人才鼎盛，顺利地完成了三星的"第二次创业"。

■ 中层就是中坚力量

长征途中，中央政治局在四川阿坝藏族自治州的黑水县城召开了著名的芦花会议。会议产生一项重要的决定：坚决、积极、大胆地提拔工农干部。此举使红军得到迅速发展。

此外，徐向前在会议中从朱德那里得知，红一方面军保存的干部较多，但兵员较少。徐向前便主动建议调红一方面军一些干部到红四方面军任参谋长；同时，调红四方面军的3个建制团充实红一方面军，以便两军互相学习，取长补短。党中央采纳了徐向前的建议，决定派叶剑英、李卓然到红四方面军工作，还调去了一批师职以下政治工作干部。这些干部的调配，对加强红四方面军的军事、政治工作，特别是后来对抵制张国焘的分裂活动，发挥了重要的作用。

美国宾夕法尼亚大学沃顿商学院的管理学教授，领导力、组织变革和发展等方面的杰出专家迈克尔·尤西姆认为，一个管理团队的管理能力如何，关键不在于最高领导怎么样，而在很大程度上取决于其下属的领导能力。

麦肯锡公司的一项调查也表明：公司能保持持续发展和改革，达到更高的业绩，关键的因素不在于高级管理者，而在于一批具有改革才能的中层管理者和专业人才。

其实，这个简单的道理在几千年前的中国汉朝就已得到印证。刘邦能够当上汉朝的开国皇帝，就是因为他手下有着杰出的中层干部——出谋划策的张良、行政管理的萧何、冲锋陷阵的韩信。

刘邦的对手项羽无论才能和力量，都远在刘邦之上，可是项羽没有什么得力的中层干部，仅有的一个军师范增还不被项羽所容纳，这就是他失败的主要原因。

一个企业家再才智出众，也无法胜任所有的事情，所以，唯有管理好中层干部，利用他们的智慧和能力，才可以完成超过自己能力的伟大事业。

有人说，一个人只要懂得用人，不论他是谁都可以当领导，甚至当总统。美国钢铁之父卡内基说："拿走我的全部财产，把人才留给我，几年后，我又是一个钢铁大王。"

毛泽东说得更直接："政治路线确定之后，干部就是决定因素。"在这个培养干部思想的指导下，红军时期成立了军官教导团，抗日时期有抗日军政大学，解放军新建了南京军事学院……因为解放军始终把教育干部作为团队建设的根本，因此才铸就了一支名将如云的威武之师。

“一将无能，累死千军”，小到班排长，大到集团军司令，都是这个道理。企业同样也需要大力选择好、培养好、管理好中层干部。因为企业的中层干部是企业运营中不可或缺的中坚力量。他们承上启下，既是决策者的参与者又是具体的执行者。他们素质的高低、能力的强弱及发挥程度，直接决定着公司的兴衰成败。

二、多给年轻人机会

人们经常称红军为“老红军”，其实，红军是一支年轻的队伍，不仅战士年轻，整个将领队伍也非常年轻。看看我们熟知的一些将军当时的年龄及职务：

军团参谋长左权：29岁；

师政委刘亚楼：23岁；

团长耿飙：24岁；

团政委杨成武：20岁；

师政委肖华：18岁；

军团政委杨尚昆：27岁；

团政委杨勇：22岁；

团政委张爱萍：24岁；

军长肖克：26岁；

军政委王震：26岁；

副军长许世友：29岁；

师长陈再道：25岁；

军政委李先念：25岁；

……

在红军中，年轻人的比例是非常高的，年轻人担任重要职务的比例更是世界各国军队所不敢想象的。正是这样一支朝气蓬勃的队伍，靠着年轻人的激情与智慧，打下了一个红色江山，建立了新中国。

■ 年轻就是优势

法国著名思想家圣西门讲过一段精彩的话，这段话曾被列宁称之为“圣西门的名言”。他说：“假如法国突然失去了自己的50名优秀物理学家、50名优秀化学家、50名优秀诗人、50名优秀作家、50名优秀军事家和民用工程师……法国马上会变成一具没有灵魂的僵尸。”

圣西门的这段名言，是站在很高的层面上来说的，不仅仅说明人才的极端重要性，同时也蕴涵着忽视人才培养而带来的巨大危害性。因此，一个企业不仅要拥有一大批有真才实学的人才，还得注意人才的培养与储备，而培养人才就是培养年轻人，要多给年轻人机会。

为什么要多给年轻人机会？因为年轻人有着健壮的体魄，充沛的精力，发达的智力，丰富的创造力。据统计，人的一生中，25～45岁之间是创造力最旺盛的黄金时代，被称为创造年龄区。要多多起用年轻人，如果不敢重用年轻人，既耽误年轻人的前程，同时也不利于自己的事业。一切成功的领导者都敢于重用年轻人，不拘一格用人才。

34岁的邓稼先、34岁的朱光亚、32岁的周光召、31岁的欧阳宇……这些后来成为中国核工业栋梁的功臣，当初加入核工业时都不过是年轻人。据统计，中国在1960年从事核工业的10万人中，25岁以下的年轻人占68%，26~35岁者占25.5%，两项之和超过九成。正是这群年轻人，在中国核工业领域几乎是完全空白的情况下挑起了大梁。

从1990起，联想集团就开始大量提拔和使用年轻人，几乎每年都有数十名年轻人受到提拔和重用。联想集团为那些有上进心并努力奋斗的年轻人提供了很多机会。联想电脑公司的总经理杨元庆、联想神州数码公司总经理郭为、联想科技园区的总经理陈国栋……他们都是在35岁之前就被重用，掌握着几个亿，甚至几十亿营业额的决策权。

比尔·盖茨成为世界首富也是得益于重用年轻人。他说："对我来说，大部分快乐一直来自于我能聘请到有才华的人，与之一道工作。我招聘了许多比我年轻许多的雇员，他们个个才智超群，视野宽阔。如果能够利用他们睿智的眼光，同时广纳用户的进言，那么我们就还会继续独领风骚。"

■ 干部要年轻化

年轻人有着非常丰富的想像力，有理想，有激情，有冲劲，有聪明的头脑。在市场竞争激烈的今天，企业家想要在市场上占据有利地位，想要使企业朝气蓬勃、充满竞争力，积极起用年轻人应该是一个快捷方式。

1933年第五次反“围剿”前，共青团组建了“少共国际师”，全称叫做“第一军团少年共产国际师”。这支红军部队由近万名青年组成，全师战士的平均年龄在18岁左右，有些战士年仅十四五岁。先后担任该师师长的陈光、吴高群、彭绍辉、曹里怀及第一任政委冯文彬，他们都不过二十几岁，较长时间担任该师政委的肖华上任时年仅18岁。

解放后主管解放军干部工作的罗荣桓元帅常讲：“培养干部只在老干部中打圈子，路子会越走越窄。我们配备干部，不能一律看资格，要重视德才，只要有发展前途，就要认真培养，大胆使用。”所以，他经常把青年干部放到基层去锻炼。经受了锻炼的干部茁壮地成长，很快就被提拔为中高层的领导。有的师政治委员仅20岁左右。

解放军这种不讲资历、不讲身份、只看表现、只看能力的优良传统，很值得企业管理者学习。既敢于大胆起用年轻人，更要善于发掘干部的好苗子。同时让他们在工作中摔打、磨炼，使他们具备相应的管理能力和大局观，使他们早成大器。

“顺驰军团”在全国有员工将近8000人，很多的年轻人得到器重是其他公司的人所无法想像的。比如顺驰天津滨海分公司的副总才22岁，过了试用期就直接坐上了副总的位子。作为在全国拥有800家连锁机构的大型房地产集团高层领导，35岁的丁毅居然认为自己“廉颇老矣”，他说：“顺驰是属于年轻人的。公司的高层平均年龄在28岁，刚毕业一两年的总经理更比比皆是。像我这样高龄的，其实该算退休人员。”

年轻人还有着一个天然优势，就是来日方长，所以邓小平高度重视干部队伍的年轻化，他认为“年轻化是很重要的一件事，第一要保持政治的活力，第二要保持方针政策的连续性和稳定性，不年轻不行”。

在邓小平这种思想的指导下，20世纪80年代中期，很多企业提拔了一大批年轻人，造就了许多著名的企业以及企业家。当时，青岛市破除了论资排辈的观念，从企业的长远发展着眼，大胆起用年轻人，海尔的张瑞敏、海信的周厚健、颐中的蒲强、澳柯玛的鲁群生都是在35岁左右就担负了企业的重任。如果不给这些人机会，很难保证这些企业能够像现在这样红红火火。

■ 给年轻人机会

毛泽东曾经语重心长地对年轻人说：“世界是你们的，也是我们的，但是归根结底是你们的。你们青年人朝气蓬勃，正在兴旺时期，好像早晨八九点钟的太阳，希望寄托在你们身上……世界是属于你们的。中国的前途是属于你们的。”

企业家应该向毛泽东学习，无论什么时候都要对年轻人寄予很高的希望，并多给年轻人成长锻炼的机会。

20世纪80年代，长江实业集团得以迅速发展，股价由1984年的6港元急升至90港元，这和李嘉诚善于发掘、大胆提拔年轻人有着很大的关系。

霍建宁1970年加入长江实业，出任会计主任，是长江实业管理层后起之秀的佼佼者。霍建宁有着杰出的金融头脑和非凡的分析本领。

虽然他为人处事低调，但被传媒称为“浑身充满赚钱细胞的人”，所以能够参与长江实业的重大投资安排、股票发行、银行贷款和债券兑换等，而且为集团带来可观的效益。

霍建宁的才华备受李嘉诚赏识，1985年就被委任为长江实业的董事，两年后又提升为董事局副总经理。当年，霍建宁才35岁。如此年轻就任此要职，在香港商界实为罕见。

曾由李嘉诚指定为长江实业专门人才而送往英国攻读法律的周年茂，于1983年回港进入长江实业，并于1985年提拔为董事副总经理。周年茂是经营房地产的高手，特别擅长大型地产项目的发展，所以被委以重任，成为了长江实业集团房地产发展部的主要负责人。很多大型住宅屋村的规划，都是由他具体策划落实，使得公司获益匪浅。

应该说，正是由于李嘉诚肯提拔而且会提拔年轻人，才给长江实业集团带来了新生力量，使集团能够以超大的步伐发展。

三、有职更要有权

淮海战役的时候，为统一领导和指挥华东野战军、中原野战军和华东、中原军区部队作战，中央军委决定由邓小平、刘伯承、陈毅、粟裕、谭震林组成党的总前委，以邓小平为书记，邓小平、刘伯承、陈毅为常委，并责成中原、华东、华北三大解放区全力组织支援。

军委明确指出：“情况紧急时机，一切由刘、陈、邓临机处置，不要请示。”在党中央的高度信任下，华东、中原两大野战军的全体将士情绪高涨、信心百倍、全力以赴地投入战斗并取得了辉煌的胜利。

■ 高度信任，充分放权

韩信先是投奔项羽，后又投奔刘邦。开始，刘邦只让他当一个掌管粮草的小官，也未予以重任。韩信感觉怀才不遇，就想脱离刘邦。

汉相萧何却发现韩信是一个将才，便向刘邦举荐了韩信，并说：“要拜韩信为大将，就必须选择吉日良辰，沐浴更衣，戒荤戒酒，先表现出诚意。然后召集文武大臣，举行隆重仪式，您亲自登台授印才好。”于是，刘邦登坛拜韩信为大将军，还当众颁令：“全军将士今后全部由大将军节制。有藐视大将军者、违令不从者，大将军可先斩后奏！”

登坛拜将之后，韩信在刘邦那里有职有权而且还很有威信。为了报答知遇之恩，他率军出陈仓，定三秦，灭赵，降燕，伐齐，直至垓下全歼楚军，为刘邦打下了400年汉室江山之基础。

管理者使用人才时，想要充分发挥人才的能量，就得让人才有职有权。刘邦拜将，其实就是给予韩信职权：职——大将军，权——全军由他节制。

有职有权实质上就是授权——上级让下级在一定时间内代为自己行使某一方面的权力。任何企业管理者的时间、精力都是有限的，只有通过对中层干部的充分授权，才能带好队伍，管理好团队。

广东顺德伟雄集团的老板林伟雄只有小学文化，他的公司却是一个拥有五大知名品牌、十余家分公司的民营企业集团。公司能够取得这样的成绩，原因之一就是林伟雄敢于授权。他自己任董事长，妻子任总经理，只抓大的决策，公司的日常工作由副总经理签字决策。授权不仅让中层干部的积极性得到提高，而且还真正负起责任来了，公司运转得非常高效。

因为能够授权，一大批博士、硕士、工程师甚至法国专家都纷纷投靠林伟雄。得人才者得天下，伟雄集团以前所未有的速度腾飞起来了。

授权不是权力的丧失，而是权力的分配与转移，是科学地运用权力。毛泽东就倡导“大权独揽，小权分散”的领导方法，因为这样可以有更多的精力来把握方向、抓住中心，做好全局工作。

“临机处置，不要请示”就是授权。授权是一种必要的领导方法和工作方法，是灵活运用权力。领导者能力再强也有不足之处、精力再好也不可能事必躬亲，通过授权，既可以通过使用中层干部的智慧来弥补自己某方面的不足，又能够大大节约自己的时间。比尔·盖茨很早就把大权交给了史蒂夫·鲍尔默，让其担任CEO，自己做“首席架构师”，充分发挥自己对技术趋势很敏感的长处。

■ 运用好授权艺术

授权是企业家最重要的能力之一，授权不仅是一门科学，也是一种艺术。授权得当与否体现了一个企业家的管理才能，正如韩非子所说“下君尽己之能，中君尽人之力，上君尽人之智”。敢于授权并善于授权，既是一个管理者成熟的表现，又是一个管理者取得成就的基础和条件。如果一个企业家能够运用好授权艺术，发挥授权的效用，不仅有利于与下属建立良好的信任关系，激发员工的工作积极性，提升团队的战斗力，而且，正确的授权可以使企业家从繁杂的事务中解脱出来，博采众长，集思广益，使决策更加科学化，使集体的力量得到充分发挥，使团队能够高效运转。

有效授权给企业带来的好处是众所周知的，但并非所有的企业家都能做到有效授权。中国人力资源开发网的调查表明，只有20%被受访的企业的中高层管理者对自己的授权管理感到“满意”或“比较满意”，这个数字说明很多企业家不得不面对一个现实的问题：该如何进行有效授权？

宝钢集团在生产一线实行“权力委让，重心下移”的管理措施。他们将工厂划分成若干个作业区，每一个作业区委任一名作业长，作为生产一线的经营管理者。随后，车间主任将生产指挥、人事调配、奖惩等权力下放给作业长，任何人都不得越级指挥。作业长一下子变得有职有权了，从而产生了成就感、荣誉感，并由此而产生了高度责任感，所以全身心地投入到工作之中，公司的生产效率因此提高了很多。

授权要因时、因事、因人、因地、因条件而确定如何具体授权；被授权者要具有积极热情的态度和真才实学；授权要有明确的目标与工作任务，要让被授权者知道做什么；授权必须明确到具体的个人，不能重复授权；授权后不要过多干预，要做到“用人不疑，疑人不用”……

■ 职权责要统一

授权时要将责任和权力一起交给下属，让下属有职有权的同时还得有责，做到职、权、责三者的有机统一。

长征途中，狂风怒吼，大雪纷飞，红军战士穿着刚刚发下的棉衣，在山路上顶风冒雪前进。忽然，警卫员跑来向新到任的军长报告：“前边冻死一个人……”军长疾步朝队伍前面走去。风雪中，一位只穿着破旧单衣的老战士靠着冰崖坐着，一动也不动，好像一尊雕像。他为什么没穿棉衣？为什么没有发给他棉衣？

军长见此情景，满脸怒容地喊道：“把军需处长给我找来！”队伍里没有人言语。“警卫员，立刻把军需处长叫来！”军长再次大声命令。不知是谁指着那位冻僵的老战士，低沉地说：“他……他就是军需处长……”军长愣住了。他向前走了几步，深情地注视着这位死去的战友，慢慢地举起了右手，庄严地行了一个军礼。

这是一个真实的故事。在那个艰苦的岁月，即使在根据地内，红军的服装也只能是筹措到什么就穿什么，长征途中筹措棉衣更是难上加难。按说，军需处长总会比战士有条件穿得暖和点儿，但他却毫无保留地将温暖送给了他人，将寒冷留给了自己。

管战士的吃、管战士的穿，是一个军需处长的职权；同时，保证战士能吃好、能穿好，也是一个军需处长的职责。虽然军需处长也是一个战士，也有穿暖吃饱的权利，但他知道职责先于职权，明白职权不只是有职有权，更意味着责任和义务。

解放军的各级军官正因为明确了职责与职权的关系，知道自己该做什么，应该怎样去做，怎样做才做得更好，所以获得了巨大的战斗力。

没有职权就无法开展工作，干工作就会寸步难行；没有职责就没有工作目标，就会缺乏责任心与上进心。所以，企业家在授权的时候，要让下属清清楚楚地明白自己的职、权、责，下属才能各司其职，尽职尽责地做好本职工作。

四、将在外，君命有所不受

解放军在长期的战斗实践中，每逢重大战役，就会成立“前敌委员会”，负责指挥作战。前敌委员会具有充分的自主权，完全可以不请示上级而根据实际情况来指挥官兵作战。不仅如此，就算没有成立前敌委员会，解放军各级将领在战斗中，只要是有利于整个战局，也完全可以自作主张并指挥战斗。

■ 将在外，君命有所不受

一代才子、清初的文学批评家金圣叹在评论《水浒传》的时候，认为生辰纲被劫的主要原因是，青面兽杨志受老都管的制约太多，他不能完全按照自己带兵的习惯驾驭这个押送小分队，不能想走就走、想停则停。老都管说白了就是梁中书派出的督军。胳膊拗不过大腿，杨志不让休息、不让喝酒的命令统统无效，所以生辰纲被劫一点儿也不奇怪了。

金圣叹长吁短叹的是，古往今来，多少将才没有遇到“疑人不用，用人不疑”的领导，多少君王不能做到“将在外，君命有所不受”，所以，不但是诸多英雄出师未捷身先死，而且君王自身的事业也是功亏一篑。

相反，解放军能够彻底避免这种悲剧。获得充分信任的指战员往往临场发挥，取得了巨大的胜利。

1947年3月8日，东北野战军5师师长钟伟奉命率部南渡松花江，准备经靠山屯东进德惠，配合东野一、六纵队在大房身围歼国民党军新一军一部。部队到了靠山屯时，发现了屯子内有国民党军队264团的一千多人马。

打还是不打呢？因为当时东进是整个战场的局势，而且上级的命令是铁的纪律，按理说不能因小失大。即使5师全歼了敌人，钟伟也会犯下“违抗军令”的错误。因此，政委坚决不同意打这一仗。

钟伟坚决主张：打。他知道违抗上级命令是不对，但根据当时的具体情况看来，不打这一股敌人，也会因贻误战机而影响全局，所以钟伟下了决心：打!

从3月10日凌晨5点到下午2点，钟伟连着接到了林彪的三个即时东进的电报，他不为所动，只是回复道：你的命令我暂不能执行，因为我在这里打仗。最后，5师全歼了这一个整团，又反过身来拖住了前来增援的87师。在一、六纵队的配合下，解放军全歼了87师，取得了三下（松花）江南的全胜。

战后，钟伟不仅没有受处分，反而受到了上级的表扬：“要敢于打违抗命令的胜仗，如5师在靠山屯那样，三次违抗命令。”后来钟伟还被提升为纵队司令员，而且是整个四野唯一的一个从师长直接提升为纵队司令员的。

“将在外，君命有所不受”实际上就是领导者的“用人不疑”，就是对下属的信任。信任，能让上下同心同德，能使左右众志成城，使整个团队的凝聚力、战斗力变得无比坚强。

■ 信任制造自信

称雄中国商场500年的晋商就深知“用人不疑”的用人之道，哪怕生意做亏了，只要不是人为失职或能力不足造成的，东家不但不加以责怪，反而会安慰掌柜，鼓励他们来年扭亏为盈。

晋商曹家当年投资了7万两白银，在沈阳开设了富生峻钱庄。但掌柜的经营了几年，不仅没有为东家赚到钱，反而把东家的本银也赔了进去。曹家听了掌柜的全面汇报，明白了亏损的原因并不是因为掌柜不能恪尽职守，也不是能力不足，而是一些意外的因素所致。

因此，曹家不仅没有责怪掌柜，还马上给了他第二笔资金，让其继续经营。但几年过去之后，还是亏得一塌糊涂。这位掌柜觉得很内疚，便提出辞职。可曹家还是很信任掌柜，又拿出第三笔本钱，并鼓励这位掌柜不要灰心，放心去做。

掌柜回到沈阳后，重整旗鼓，在总结前两次失败教训的基础上调整了经营策略，没几年，富生峻钱庄不仅赚回了前两次亏赔的钱，而且获得了巨额盈利。该掌柜再利用这些盈利，利用当地盛产高粱的优势，为东家在四平开办了富盛泉、富盛成、富盛长、富盛义四家酿酒商号，富生峻钱庄也成为沈阳金融界的大户。

晋商的经验告诉人们，信任是授权的精髓和支柱，在信任中授权对任何下属来说，都是一件非常快乐又十分愿意的事情。信任能让下属自信无比、灵感迸发、积极工作。信任还是团队成员之间合作的基础，而这种基础是管理成功的保障，它能使关系融洽、思想统一、工作效率提高、管理成本降低。

■ 授权于关键之时

战争年代，当解放军某一级的指挥员牺牲时，上级马上指定一个人代理排长、连长或更高级的职位。这些受命于危难之时的军官或士兵，往往能出色地完成任务，创造出骄人的战绩。道理何在？就是高度的信任会让精神力量转化为物质力量，被信任者会以全部的智慧和力量，去千方百计地完成任务。

美国前总统罗斯福说：“一位最佳的领导者，是一位知人善任者，而在下属甘心从事于其职守时，领导要有自我约束能力，不可插手去干涉他们。”日本“经营之神”松下幸之助说：“最成功的统御管理是让人乐于拼命而无怨无悔，实现这一切靠的就是信任。”只要他看准的人才，就大胆提拔使用，使他们信心十足地发挥自己的潜力。所以，无论何时何地，信任都是领导者带兵的重要手段。

从羽绒制品的轻纺行业转型到微波炉这个完全陌生的家电行业，格兰仕的成功就在于“信任”两个字。

为了聚拢一批微波炉行业的专家、行家，总裁梁庆德五顾“茅庐”——五上上海，用真诚感动了上海无线电十八厂的几位工程师加盟格兰仕，而且在工作中，梁庆德对他们的态度是“疑人不用，用人不疑”。比如现在的副总裁陆荣发一到格兰仕，梁庆德就责成他全权负责引进一条价值1000多万美元的生产线。信任，凝聚了格兰仕管理层的战斗力，带出了一支两万多人同心同德、冲锋陷阵的坚强队伍。

在一个团队里，成员间相互信任，彼此信赖，心往一处想，劲往一处使，工作就会充满生机和活力。因此，领导者一定要信任下属。

既然用了某个人，就应该“用人不疑”——大胆放权给他；就应该允许“君命有所不受”——放手让其自主处理各种事务。

五、信任不等于放任

解放军特别注意加强对军官的监督，并且形成了明确的制度。部队团以上的司令部、政治部、后勤部和装备部这四大机关，主要职责之一就是对所属部队的各级军官履行的职务进行督促、检查。希望通过监督与检查，能够总结经验、发现问题，以减少出现人为的损失或降低已出现的损失的程度。

每名干部的健康成长，都离不开有效的监督。监督是一种他律。“金无足赤，人无完人”，人自身的缺点错误犹如脊背上的灰尘，自己不容易看见，只有通过监督这面“镜子”，才能够及时克服缺点，改正错误。

■ 授权后，监督要跟上

解放军的监督和检查的目的是加强对权力的制约和监督，也就是用人要“疑”。这个怀疑不是疑神疑鬼的“疑”，而是一种正常的、必须的工作程序与方法。

1980年初，总参谋部调进了几位领导同志，同时又调出了几位领导同志。为了欢送老战友、迎接新战友，当时任副总参谋长的杨勇将军在京西宾馆设宴开迎送会，花费了400元公款。事后不久，中纪委查问此事，杨勇这时候才意识到自己犯了错误，心中感觉很惭愧，马上自掏腰包400元上缴，还写了一份深刻的检查，并主动建议将此事通报全军，让其他同志以他为前车之鉴，吸取教训。

《韩非子》里有这样一则故事：鲁国有个人叫阳虎，是一个很有才华但同时又很自私的人，他游说于鲁王、齐王，但都被驱逐出境，于是他又来到了赵国。赵王十分赏识他的才能，拜他为相。有人向赵王进谏说："大王怎能用这种人料理朝政呢？"赵王回答道："阳虎或许会寻机谋私，但我一定会小心监视，防止他这样做。只要我拥有不至于被臣子篡权的力量，他阳虎又岂能如愿以偿呢？"

因为赵王一直对阳虎实施监督与控制，使得阳虎没有机会以权谋私，而且能够尽职尽责地在相位上施展自己的抱负和才能，终使赵国威震四方，称霸于诸侯。

由这则故事不难看出，领导者对下属授权的同时，一定要有监督。如果没有监督，就不知道下属在干什么，就控制不了整个局面。监督是一种重要的管理手段，能够保证权力不被滥用和失控，能够及时地发现工作中所出现的各种问题，便于采取适当的措施予以纠正和解决，从而保证顺利实现计划和达到目标。

现在，企业管理学中流行一个新的观点"用人也要疑"，这与前面说的"用人不疑"不是互相排斥的，而是相辅相成、相得益彰的一对矛盾统一体，是企业管理不可或缺的"两个轮子"，体现着企业完善的运行机制。说明白点儿，就是一个管理者在使用中层干部的时候，是能够同时做到"用人不疑"与"用人以疑"这看似矛盾的两点的。

"用人以疑"不是两面三刀，更不是耍阴谋诡计，而是针对各部门、各工种的不同，估计会出现什么问题，据此制定一系列的监督检查的规章制度，是一个企业稳定大局、防微杜渐之举。

■ 监督产生动力

无论是从领导学还是从管理学的角度分析，对拥有权力的中层干部的监督都是必要的，这是授权之后不可缺少的后继措施。肯德基公司的店长们有相当大的自主权，但世界各地的上万家店却被美国的肯德基总部管理得井井有条，这离不开有效监督的功劳。

美国肯德基国际公司的子公司遍布全球60多个国家，达9900多个。然而，肯德基国际公司在万里之外，又怎么能相信其下属能循规蹈矩呢？一次，上海肯德基有限公司收到了3份总公司寄来的鉴定书，对设在上海外滩的快餐厅的工作质量以及店长分3次鉴定评分，分别为83、85、88分。公司中方经理都为之瞠目结舌——这三个分数是怎么评定的？原来，肯德基国际公司雇佣、培训了一批人，让他们佯装顾客潜入店内进行检查评分。

这些“特殊顾客”来无影，去无踪，这就使快餐厅经理、雇员时时感到某种压力，丝毫不敢疏忽，使得各级肯德基公司能够在全球保持一致的服务标准。

邓小平讲过，“好制度使坏人变好，坏制度使好人变坏”。那么，如何才能有一个好制度呢？奥地利经济学家哈耶克说，制度设计关键在于假定，从“人人都是好人”的假定出发，必定设计出坏制度，导出坏结果；从“人人都是坏人”的假定出发，则能设计出好制度，得到好结果。

的确是这样，企业家如果相信人都是好人，盲目、无限制地信任下属，对下属不管不问、听之由之，那么，很有可能将整个企业给毁了。当初，巴林银行就是因为对驻新加坡的里森“用人不疑”，结果三年来他一直做假账隐瞒亏损，最后造成8.27亿英镑的损失，迫使有200年历史的老牌巴林银行破产倒闭。

授权与监督是企业管理不可或缺的“两个轮子”，监督是与授权相配套的一种管理行为。监督下属，就是在确立了目标，并授权给下属之后，要注意关注其职责的履行状况，并及时发现偏离目标或要求的具体问题，采取消除偏差、纠正错误的措施，以确保下属尽职尽责和整体目标任务的实现。

海尔集团的三条人事管理规定就是：在位要受控，升迁靠竞争，届满要轮岗。“在位要受控”就是集团要建立控制体系，控制财务、控制工作目标，避免违法违纪、避免犯方向性错误。

海尔集团建立了较为严格的监督控制机制，任何在职人员都接受三种监督，即自检（自我约束和监督）、互检（所在团队或班组内互相约束和监督）、专检（业绩考核部门的监督）。贵州海尔总经理刘向阳被海尔认为“海尔时代的楷模”，即使类似他这样的“封疆大吏”，每天也必须向远在青岛的海尔总裁汇报工作，然后才能下班吃饭。严格的要求使得干部随时都有危机、有压力，使得工作有动力。

■ 有效监督，及时改进

18世纪末期，英国政府决定把犯了罪的英国人统统发配到澳洲去。一些私人船主承包从英国往澳洲大规模地运送犯人的工作。最初，英国政府实行的办法是以上船的犯人数支付船主费用。当时那些运送犯人的船只大多是由一些很破旧的货船改装的，船上设备简陋，没有什么医疗药品，更没有医生，船主为了牟取暴利，尽可能地多装人，导致船上条件十分恶劣。一旦船只离开了岸，船主按人数拿到了政府的钱，对于这些人能否远涉重洋活着到达澳洲就不管不问了。有些船主为了降低费用，甚至故意断水断食。3年以后，英国政府发现：运往澳洲的犯人在船上的死亡率达12%，其中最严重的一艘船上424个犯人死了158个，死亡率高达37%。英国政府花费了大笔资金，却没能达到大批移民的目的。

为此，英国政府采取每一艘船上都派一名政府官员监督，再派一名医生负责犯人的医疗卫生，同时对犯人在船上的生活标准做了硬性的规定。但是，死亡率不仅没有降下来，有的船上的监督官员和医生竟然也不明不白地死了。原来一些船主为了贪图暴利而贿赂官员，官员不肯就范即被扔到大海里喂鱼了。政府支出了监督费用，却照常死人。

政府又采取新办法，把船主都召集起来进行教育培训，教育他们要珍惜生命，要理解到澳洲去开发是为了英国的长远大计，不要把金钱看得比生命还重要。但是，情况依然没有好转，犯人死亡率仍然居高不下。

一位英国议员认为，那些私人船主钻了制度的空子，而制度的缺陷在于政府给予船主报酬是以上船人数来计算的。他提出从改变制度开始：政府以到澳洲上岸的人数为准计算报酬，不管在英国上船多少人，到了澳洲上岸的时候再清点人数支付报酬。

于是问题迎刃而解。船主主动请医生跟船，在船上准备药品，改善生活，尽可能地让每一个上船的人都健康地抵达澳洲。一个人就意味着一份收入。自从实行上岸计数的办法以后，犯人的死亡率降至1%以下。有些运载几百人的船只经过几个月的航行竟然没有一个人死亡。

这个案例给管理者的启示就是，如果能够有效地监督下属，就可以及时全面地了解他们履行职责的具体情况，准确分析其犯错误的原因，就能够研究出完善的补救措施与管理手段，做到“亡羊补牢，犹未迟矣”。总之，使得一切事务处于自己能够控制的范围之内。

六、选好干部，用好干部

长期担任解放军重要领导职务的徐向前元帅，历来以善于用人著称，他深知用人的重要性，他经常说：“人是创业之本。对军队来说，人才是建军之本。”因此，不管在任何时期，徐帅手下总是猛将如云，这与他善于选择干部是分不开的。

1929年，徐向前是红三十一师副师长，20岁的李先念只是他手下的一名副班长。在平时的接触中，徐向前发现李先念是个人才，对他非常器重，赏识他的才华，不仅在紧急关头委以重任，而且在危难之时也常与李先念商量。

到了1931年底，已是红四军总指挥的徐向前，开始重用李先念，任命李先念为团政委，并很快提升他为师政委、军政委。而李先念也不负厚望，他率领的红三十军成为了红四方面军英勇善战的主力部队，完成艰难险重的任务，总是少不了红三十军。

■ 得人才者得天下

得人才者得天下，这一条自古以来是人们共识的真理可以适用于任何事业。打仗如此，办学如此，做企业更是如此。企业的“企”字，是由上面一个“人”字和下面一个“止”字组成。对此，有人这样解释说，做企业就是要止住人才流失。人才是一个企业最重要的战略资源，是企业价值的主要创造者。

比尔·盖茨无不担忧地说：“谁挖走微软最重要的几十名员工，微软就完了。”钢铁大王卡内基更是早在100多年前就说：“带走我的员工，把工厂留下，不久后，工厂就会长满野草；拿走我的工厂，把我的员工留下，不久后我们就会有更好的工厂！”

经商好比是打仗，老板任用什么样的助手、雇佣什么样的伙计，就好像元帅选择怎样的将领、招募怎样的士兵，这对商业运营的成败至关重要。因此，一个企业要想成功，一定要选足人才、选好人才。

思科（中国）公司为了招聘到优秀的人才，舍得投入、不惜成本地全面撒网，报纸招聘广告、网站、猎头、人才招聘会都用上，即使如此，思科还觉得不够，就想到通过自己的员工举荐来招兵买马。

思科为此制定了一项特别的鼓励机制，介绍一个人来面试就给一个点数，每过一道面试关又有一个点数，如果最后被雇佣还有一笔奖金。这些点数最后累积折成对员工的海外旅游的奖励。这是思科创造性的做法，让所有员工都好比是猎头代理，将合适的人才介绍到公司里面来。

有人将企业里的员工分为5种类型：第一类是“人财”，指能直接给公司创造财富的人；第二类是“人才”，指具有某些的才能、能为公司做事的人；第三类是“人材”，是指有发展潜质力的人；第四类是“人在”，是指那种可有可无、有他不多无他不少的人；第五类是“人灾”，指会给企业带来麻烦和灾难的人。

要做一个优秀的企业家，就要尽量招收与重用“人财”与“人才”，大力培养“人材”，尽量减少“人在”，坚决清理“人灾”。这其实就是企业家用人要知人善任，即使企业家自身有所缺陷，只要能够做到知人善任，充分发挥人才的力量，企业一样会兴旺发达。知人就是选人，善任就是用人，所以，企业家必须选好干部、用好干部。

■ 放对地方就是人才

骏马能历险，犁田不如牛。
坚车能载重，渡河不如舟。
舍长以取短，智高难为谋。
生材贵适用，慎勿多苛求。

清代诗人顾嗣协的这首诗给企业家提了个醒，就是用人要用人之所长，使天资、秉性、特长不同的人在不同的岗位上各得其所。正如杰克·韦尔奇说的那样：“把合适的人放在合适的位置，就是了不起的人。”

每个人都有长处，要发现一个人的长处，向着一个目标努力就一定能成功。有的人不知道他的长处在什么地方，这就需要别人，需要领导帮着他发现长处，让他向着一个目标努力，他也会成功。柳传志发现并重用杨元庆的例子，就是最好的例证。

联想集团组建时，杨元庆并不突出，且年龄也没有优势，但柳传志慧眼识英雄，结果杨元庆带领联想集团成功地实现了第二次转型。1988年获得中国科技大学计算机专业硕士学位的杨元庆，初到联想时并没有能够搞研究开发，而是当起了销售人员，由于业绩突出，被誉为销售奇才。1993年，国际电脑冲击中国市场，民族计算机产业经历着有史以来最严重的危机。联想集团也在这一年第一次没有完成既定目标。在此关键时刻，柳传志大胆起用杨元庆担任联想微机事业部总经理。

"受命于危难之际"的杨元庆不负众望，在他以及联想人的不懈努力和艰苦奋斗下，此后连续几年，联想电脑销量和利润增长均在100%以上。1996年，联想一举打破了国内PC市场多年以来被国外品牌霸踞的局面，成为中国第一品牌。为此，柳传志高兴又自豪地说："杨元庆对联想最大的贡献之一，是他在别人看来不可能成功的地方，把PC做成了中国第一品牌。"

任何单位里面的工作事务都是由人来完成的，企业的各种活动归根到底也都要落实到一个个具体的人身上，主要成绩的创造也需由人来实现。因此说人才是企业的根本，所以，管理企业就要做到慧眼识才，并给人才充分的用武之地，这是决定企业最终命运的最佳战略。

七、流水不腐，户枢不蠹

"革命干部一块砖，哪里需要哪里搬；革命干部一片瓦，哪里需要哪里码；革命干部一堆泥，那里需要哪里提”。这句话强调了干部必须具有组织性，要听从上级的安排。同时，也是让干部在不断的工作变化中，找到最适合发挥自己作用的工作岗位。

定期让中层干部在各个部门或岗位上轮流工作，能够丰富他们的工作经验，让他们对企业的各个工作环节有更深入的了解，能提高他们的工作的分析能力和沟通协调能力。此外，还可以提高企业内部各个部门之间的团结协作，减少部门摩擦，提高工作效率。

■ 让干部流动起来

人民解放军的创建人之一的罗荣桓元帅是一位有着丰功伟绩的开国元勋。他在军旅生涯中担任过许多职务，在一次次职务的变换中，既充分发挥了自己的才能，同时也锻炼了自己，成为了解放军的高级领导人。

罗荣桓在革命生涯中先后担任了农民自卫军党代表，工农革命军连、营和支队的党代表，红四军前敌委员会委员，红四军第2纵队政治委员，代理红四军政治委员，红四军军委书记、政治委员，红一军团政治部主任，东路军政治部主任，江西军区政治部主任，总政治部巡视员和武装动员部部长，红军大学政治委员，红军后方政治部主任等职。

抗日战争爆发后，罗荣桓任八路军第115师政治部主任、政治委员，山东军政委员会书记，山东军区司令员兼政治委员，第115师政治委员、代师长，中共中央山东分局书记，东北人民自治军第二政治委员，东北军区第一副政治委员兼东北野战军政治委员，中共平津前线总前委委员和人民解放军平津前线政治委员，华中局第二书记兼华中军区第一政治委员等职。

新中国成立后，罗荣桓任总政治部主任，并兼任总干部管理部部长，领导全军的政治工作。罗荣桓还曾任最高人民检察署检察长、中央人民政府人民革命军事委员会副主席、全国人民代表大会常务委员会副委员长、国防委员会副主席、中国人民解放军监察委员会书记、中共第八届中央政治局委员、人民武装委员会主任等职。

解放军拥有良好的人才流动制度，根据实际情况和需要进行人才的合理流动，是让人才重复发挥作用的保证。从上面列举的职务名称我们可以看出，罗荣桓元帅在许多部门工作过。其实解放军将领基本上都是在这样的人才流动中建功立业的。这就从一个侧面反映出让人才流动起来以发挥效用的重要性。

现在，各级党政部门在任用干部时，也遵循着一个重要的原则——“届满轮岗”，就是指主要干部在一个部门的时间应有任期，届满之后就得轮换部门。这样做既防止干部长期在一个部门工作之后，思路僵化，缺乏创造力与活力，也可以通过轮岗交流让众多干部都得到锻炼。

很多企业也借鉴了党政部门的这种干部管理经验，让中层干部在不同部门轮流任职，这样可以让干部不断得到锻炼，使之成为多面手，为企业今后的发展培养更多的人力资源。

长期担任中国对外经济贸易合作部部长的龙永图，在中国入世谈判最困难的时候选过一位秘书。其他秘书都是做事谨慎并对领导又体贴入微的，而这个秘书与众不同，他从来不会照顾人，每次还是龙永图提醒他时间到点了。

为什么龙永图会选他当秘书呢？因为他是世贸专家，他对世贸问题研究得相当透彻。而且，即使在龙永图因为谈判艰难而脾气非常暴躁的情况下，他依然能够坚持自己的意见，经常说“老龙，你又错了”，从而避免了龙永图听不到不同的声音，这一点对谈判是至关重要的。

世贸谈判成功以后，龙永图就把这个秘书送走了。这不是龙永图过河拆桥。因为一个人在某个特定时期，适合做某件事情，但时过境迁之后，他可能就不适合了。

龙永图是位卓越的领导者，因为他非常清楚什么时候该用什么人，什么时候什么人该干什么，这就是让干部流动起来，在流动中发挥干部的作用。这一点，正是一个高明的领导者让常人无法望其项背的用人艺术。

■ 人才与岗位的最佳配置

干部的成长是有规律的，其才能的增长也是有周期性的，通常一个人在一个岗位上工作的时间以3至4年为宜。因此，干部在一个岗位上工作的时间不宜过长。另外，经历也是一种财富，让人才增加阅历，适时地让那些优秀人才的岗位和职位轮换，对于他们不断提高、继续成长大有益处，能够为企业造就更多的复合型人才。

在《21世纪经济报道》所做的一次调查中，经理们都认为干部轮岗制是发展干部领导才能最有效果的方法。所以，很多著名的企业都在实行干部轮岗制，比如华为、西门子、爱立信、柯达、海尔、联想、明基等公司。

爱普生公司是一家1997年才成立的公司，5年来每年的业绩增长都在40%以上，最终在国内打印机市场占有率达到40%。爱普生几年的飞速发展，正是得益于中层干部的工作轮换制度。

爱普生一般要求中层干部每两年左右轮一次岗。例如，一个中层干部先是做公关工作，后来担任市场开拓部的经理之后派到武汉办事处工作了一年半的时间，回来以后做喷墨打印机的产品经理，干了一段时间后回到公关部做经理。经过这么多次的轮岗，该经理对公司的所有工作都比较清楚了，不仅自己的工作效率有所提高，而且与其他部门合作的能力也有所提高。

联想在人力资源的管理上，推行的是“适才适岗”的管理方针，就是要做到人才和岗位的最佳配置。为此，联想有意识地在集团内进行岗位轮换，这样既有利于个人发掘潜能，找到自己最适合的岗位，也有利于人才的创造性得到发挥。

■ 内部跳槽

管理学家说：“如果你让别人干得好，就得给他一份恰当的工作。”那么如何知道某个工作对某个人是否恰当呢？这就需要让干部流动起来，在实践中找到解决问题的答案。

有一次，索尼的董事长盛田昭夫按照惯例与职工一起就餐、聊天。发现一位年轻职工郁郁寡欢，满腹心事，于是，盛田昭夫就主动和这名员工攀谈。几杯酒下肚之后，这个员工终于开口了：“我不是在为索尼工作，而是在为课长干活，因为我所有的行动与建议都得要课长批准。而自己的一些发明与改进，课长不仅不支持，反而说我有野心。因此我心灰意冷，准备辞职不干了！”

这番话令盛田昭夫十分震惊，他想，类似的问题在公司内部员工中恐怕不少。作为领导者应该关心员工，让他的才能充分发挥出来，于是产生了改革人事管理制度的想法。

具体的方法就是允许员工内部跳槽：公司各部门可以发表“求人广告”，而员工可以自由去应聘，其上司无权阻止。另外，原则上每隔两年就让员工调换一次工作，特别是对于那些精力旺盛、干劲十足的人才，不是让他们被动地等待工作，而是主动地给他们施展才能的机会。实行内部跳槽以后，索尼公司有能力的人才大多能找到自己较中意的岗位，人才资源得到了充分的挖掘。

不论是干部的轮岗还是员工的内部跳槽，都是为了让人才在流动中充分发挥其作用，这才是企业家真心实意地尊重干部，真真切切地爱惜人才，企业当然也会因此得到更多的回报。

八、有钱才有人，有人才有钱

延安时期，陈云做报告时，有人问道：“既然共产党是讲平等的，为什么我们大家的生活这么苦，毛主席却经常吃鸡？”陈云回答说：“是的，毛主席是经常吃鸡。但同志们要想一想，毛主席的健康对中国革命多么重要！所以，毛主席不愿吃鸡，党中央的命令一定要毛主席吃鸡。和我们每一个革命同志一样，毛主席吃鸡也是一种革命任务。”中央命令让毛主席吃鸡，其实就是给干部以良好的待遇。

■ 待遇决定人才去留

为了让广大军官安心为军队建设与国防事业做贡献，解放军为军人提高了良好的待遇。

过去，一个人去当兵，家里不但有工分，还可以分到原来的口粮，普通士兵也可以享受一个月几元的津贴。要知道，那时候一个公社一年能挣几元钱的就没几个人。现在，国家更是在努力提高军人的待遇。军人除了工资、津贴、补助、补贴之外，还有很多福利费，包括生活困难救济费、夫妻两地分居补助费、儿童教育机关补助费、独生子女保健费、保育教育补助费、干部公勤费、房租补贴费等等。

除了这些物质性的待遇之外，还在其他方面给军人以良好的待遇，比如“一人参军，全家光荣”，比如军婚必须要军人同意才能离婚，比如军转干部在一定的时间内不得下岗，以及地方政府对军嫂的一些优惠政策等等。

在人事管理中，有一个著名的“海潮效应”：海水是因天体的引力而涌起，引力大则出现大潮，引力小则出现小潮，引力过弱则无潮。

海潮效应说明的是，一个单位的待遇越好，就越能够吸引人才；待遇差，就难以吸引人才；没有待遇，当然就不会有人才上门。

不要以为“待遇留人”是一个老生常谈的话题就对此漠然视之，要知道，没有待遇这个基础性的东西，大多数人才迟早都会一个接一个地走掉的。

合理的待遇是对干部价值的认可、对干部的实实在在的尊重，能充分调动官兵的积极性，同时，也能让干部没有后顾之忧，全心全意地做好本职工作，为企业创造财富。

著名心理学家马斯洛有一个很权威的理论，就是人的五个层次的需求。第一个层次是生存的需求，第二个层次是安全的需求，第三层次是社交的需求，第四层次是尊重的需求，第五层次是自我实现的需求。这五个层次的关系是，前面的是后面的基础，也就是说，人只有在能够生存、保证生命安全的情况下，才能够努力工作，得到自我实现的需求。

给干部以良好的待遇能够满足一个人前面几个层次的需要。人是需要精神的，但精神不能变成粮食。假如一个军队全部都饿死了，还打什么仗？同样，企业连工资都发不出，如何吸引人才、如何让人才努力工作呢？

当年张瑞敏刚到海尔的时候，首先就是私人借钱给员工补发拖欠了几个月的工资。到了春节，又借钱给每个职工发了2.5公斤的带鱼。在找几个村长借钱时，村长们说，你喝一杯酒我借你一万块钱。为了给职工尽可能地多发一点儿福利待遇，于是张瑞敏就硬着头皮喝，喝着喝着就趴在桌子底下了。

作为一个企业家，不能要求中层干部都是只知道奉献而没有需求的圣人。又想马儿跑得快，又不给马儿吃草，这种用人观念肯定是行不通的。

■ 待遇决定工作质量

前面说过，企业在制定干部监督政策的时候，应该从“人是自私的”这个角度出发；同样，在制定干部待遇政策的时候，也应考虑到是人都想吃饱穿暖，都有七情六欲，都希望实现个人利益最大化。

IBM公司就坚持认为，一流公司应该是工资标准、卫生福利都是一流的，这样才算一流公司，员工也会以身为一流公司的职工而感到自豪，以积极的工作热情来创造一流的业绩。IBM给员工的待遇包括基本月薪、综合补贴、奖金、浮动奖金、休假津贴、住房补贴、医疗保险、退休金、各种休假制度等等。

据说，微软股价最高时，只有8个国家的国民生产总值能超过微软公司。当时有人问比尔·盖茨，成功的关键是什么。他总是这样回答：我又请了比我更优秀的人来加入到微软。为了人才，微软可以说是不惜一切代价的。

西方记者撰写的关于微软的书籍中，多次提到一件事情：加州硅谷的两位计算机奇才——格雷和贝尔，在微软千方百计的说服下终于同意为微软工作，但他们不喜欢微软总部雷德蒙冬季的霏霏阴雨。对此，比尔·盖茨的态度就是：这好办，在硅谷专门为他们建立一个研究院。

朱元璋对贪官污吏的惩罚之严厉在中国历史上是登峰造极的。他将贪官的皮剥下来做成椅子，让后任官员坐在上面以示警戒。虽然如此，官员贪污风气最严重的居然就是明朝。朱元璋不得不承认自己的失败，他说：“我欲除贪赃官吏，奈何朝杀而暮犯！”

明朝为什么会有那样触目惊心的贪赃枉法的现象？为什么官员前赴后继地冒着生命危险去贪污？因为当时官吏的薪俸都很低，养活自己都很困难，要养活全家只有贪污索贿。除此之外，别无他法。

与朱元璋相反的是雍正皇帝，他推行了养廉银制度，养廉银数目相当可观。官员们的钱够用了，再加上一些监管措施，使当时的官员较廉正，史书上对此的评价是很高的——“雍正一朝无贪官”。

因为中层干部所处位置的特殊性，在企业里面，他们其实面临着很尴尬的局面：在职位上上升的可能性小，而下降的可能性反而很大；没有多大的权力，却有着很大的责任；没有高层管理者的名气，工作的成就感得不到满足；因为处于承上启下的位置，所以经常两头受气；还有一点很重要，就是工作主要由他们推动，但他们又不像高层管理者那样有着几十万上百万的固定年薪。

在这种情况下，再不提高中层干部的待遇，是很难激发出他们的工作热情，调动其工作的积极性的。

在一家国际咨询公司对全球200家成长最快的公司进行的跟踪调查中，有这样一个题目：让老总们夜不成眠的事情是什么？调查结果显示，排第一位的是“如何吸引高素质的人才”，紧随其后的就是“如何留住关键的员工”。

如何吸引人、留住人，良好的待遇是最必需的，只有在此基础上，才谈得上事业留人、情感留人。

■ 舍得，先舍后有得

外企一直是就业者的首选之处，但华为为什么能吸引了越来越多的优秀人才加盟，而且干起工作来不要命呢？就是因为华为提出了员工待遇应向外企看齐，高收入人才吸引了众多优秀的人才。

华为人工资之高与他们工作之拼命是一样出名的，他们给员工的工资比其他公司要高出很多。传说在华为公司干上5年的中层干部就有能力买艘游艇，华为早期那些持有股票的员工一年分红就是十几万元等等。

此外，华为在提高员工工作环境上也是以“敢于花钱”出名的。1996年，华为在开发上投入了1亿多元资金，年终结算后发现，还节约了几千万。任正非知道后说了一句话：“不许留下，全部用完！”开发部最后只得将开发设备全部更新了一遍，换成了最好的。

华为甚至还提出“不敢花钱的干部不是好干部”、“花不了的要扣工资”等理念，鼓励员工对重点客户的投入要不惜血本，要大把大把地花钱。员工出差，除了很高的出差补助外，交通费、住宿费、通信费都实报实销。

良好的待遇换来了员工的忘我工作，换来了华为的高速发展，使公司、个人都受益匪浅。

明朝的崇祯皇帝生活十分节俭、朴素，比如练习书法，他会把纸张的两面都写满。正是这样接近吝啬的性格，让他舍不得花100万两白银来调动部队，所以让李自成轻轻松松地进了北京。崇祯不是没有钱，而是心疼他的钱。后来李自成从他的宫内搜出白银3700多万两，还有大量的黄金珠宝。

“舍不得孩子套不住狼”，企业家应明白这个很通俗的道理。只有舍得拿出良好的待遇，才能够吸引人、留住人，能够做到人尽其才，才尽其能，才能保证企业的生存与发展，才能够创造更多的财富。

第六章

带队伍要讲究领导方法

做事情有两种效果，“事倍功半”和“事半功倍”。在领导工作中，不讲方法，不找诀窍，一味蛮干者，必定事倍而功半；找到合适的工作方法，则事半而功倍。

一、相信群众、依靠群众、动员群众

古希腊神话中的英雄安泰是地神的儿子，每当他与敌人决斗遇到困难时，便往他的大地母亲身上一靠，由此重新获得力量，可以击败任何敌人。解放军正是找到了这样一个力量的源泉，所以战胜了一切敌人。这个力量的源泉就是最广大的人民群众。

■ 走群众路线

解放战争期间著名的三大战役，就是人民战争的伟大胜利。在战斗中，解放军的广大指战员发扬高度的革命积极性和主动性，英勇机智地同国民党军队作战。各解放区人民更以无比巨大的热情，以源源不绝的人力、物力给予前线以空前规模的支援。当时，解放军的装备虽已改善，但运输条件还极差，供应前方庞大部队的需要，全靠肩挑背负和小车推送。

淮海战役发起之初，就兵力而言，敌强我弱。但解放军敢与强敌逐鹿中原，所依赖的远不止是这60余万部队，还有543万支前民工，他们的武器是29万副担架、83万辆小车、62万头牲畜、16万根扁担，他们向前线运送了1460余万发的弹药和9.6亿公斤粮食等军需物资。

在人民战争的汪洋大海之中，80万国民党军队遭到了灭顶之灾。可以肯定地说，解放军的一系列胜利是依靠人民群众而取得的。陈毅元帅就曾深情地说过，淮海战役的胜利是人民群众用小车推出来的。

解放军一直在强调“为人民服务”的思想，他们始终和最广大人民的利益紧密联系在一起，全心全意地为人民服务，一刻也不脱离群众。毛泽东曾经说：“满足了群众的需要，我们就真正成了群众生活的组织者，群众就会真正围绕在我们的周围，热烈地拥护我们。”

“相信群众、依靠群众、动员群众”，解放军在战争时期走群众路线是非常高明的工作方法，这个方法运用到企业的经营管理上面来，就是要依靠员工的智慧与力量，来完成企业的奋斗目标。

相信群众就是信任员工。企业工作的顺利展开，离不开管理者对员工的信任。员工得不到信任，自然也就没有了工作的热情，而没有工作热情又让管理者更不信任，如此地恶性循环肯定会导致企业的衰落。信任就是力量，只有信任员工，员工的力量才能够充分发挥出来。

松下公司的分权制，曾被美国商业界称为“东洋魔术”。松下从1932年起就实行“产品分类事业部体制”，各个事业部门都有极大的经营管理自主权，在规定资金使用范围和获得利润额的条件下，对所管理产品的开发和人、财、物与供、产、销都有权自主经营，全面管理。总公司不轻易干涉事业部部长的正常工作，这样就大大激发了各个事业部的积极性。

松下公司开始制造电饭锅时，东芝公司的电饭锅产品早已经独占鳌头，雄踞市场了。按一般经营者的常规做法，就会利用别的产品的利润来补偿电饭锅的生产，以促进该产品的发展，可是松下公司却与众不同地把它从原来的电热器事业部中分离出来，成立了一个独立的事业部。这既是信任他们也是考验他们，因此，电饭锅事业部的员工们不得不绞尽脑汁，苦心经营，终于逐渐占领了更多的市场份额。

■ 开动大家的脑筋

动员群众就是要激励员工。通过语言或行动的力量，来把员工的激情、能量、信心激发出来。会动员是解放军各级军官最起码的基本功，大会总动员、小会小动员、动员官兵、动员群众、一级动员一级……可以说，善于动员是解放军的一大特色。

企业家不要以为动员只是“嘴皮子”上的功夫就不重视它，要知道，带队伍的第一件事情就是让员工明白为什么要打仗。员工具有了打仗的积极性，斗志和激情才能迸发出来。

美国通用电器公司拥有29.8万名员工，如何调动他们的积极性，使他们为公司带来更多的利润，是该公司总裁约翰经常思考的问题。他认为，众多的员工是公司最宝贵的财富，因此，他于1989年创造了一个称之为“开动大家的脑筋”的活动。

最初开展这一活动时，100名由各个部门推选出来的代表分成若干小组，各自提出本部门的意见和要求，并发表自己的看法，公司高层经理在现场听取每个小组的汇报。根据规定要求，这些高层经理对小组提出的要求只能回答“YES”或“NO”，而不得用“研究研究”、“以后再说”之类的话推诿或搪塞。结果，许多平时难以解决的问题都在会上顺利地解决或得到了满意的答复。

“开动大家的脑筋”活动给企业带来了明显的效益。例如，在通用公司飞机发动机修理厂的一次会议上，各小组共提出建议108条，这些意见除了针对生产本身外，还谈到了设计厂标和在厂区里建小卖部等问题。员工的建议被采纳后，当年就为企业节省了20万美元。

“开动大家的脑筋”就是相信员工，这样不仅能给企业带来直接的经济效益，而且还能赋予员工主人翁意识，从而调动了他们的积极性。

■ 调动群众的积极性

毛泽东说：“我们共产党人无论进行何项工作，有两个方法是必须采用的，一是一般和个别相结合，二是领导和群众相结合。”

企业家必须承认这样一个观点——人高于一切。所以，在任何时候，企业都应该走群众路线，相信群众、依靠群众、动员群众。因为没有员工的努力与劳动，企业家的任何好的策划、战略都将被搁置在计划书上。

1984年，美国评选了10家最佳企业，IBM排名第一，这主要得益于公司坚定的群众路线。IBM的创始人沃特森被誉为“企业管理天才”。他说：“几乎每一种宣传鼓动都是为了激发热情……当初我们强调人与人的关系并不是出于利他主义，而是出于一个简单的信念：相信只要我们尊重员工，激发出员工的激情，公司就会赚大钱。”

沃特森善于发掘员工的潜力、善于调动员工的创造精神与献身精神，想方设法去刺激员工为公司出谋划策。为了保护员工的工作热情，增强员工对公司的亲近感与信任感，他广开言路，广泛倾听各种意见；他一天工作16个小时，几乎每晚都在这个或那个雇员俱乐部中出席各种集会和庆祝仪式，与员工们谈得津津有味；他还大胆采取了终身雇佣制，使员工有明显优于其他大公司的工资收入，并经常为员工提供丰厚的福利服务。

台湾环隆企业集团创始人、著名的“鞋业大王”蔡长汀，在动员群众方面做得别出心裁。蔡长汀在长期的经营实践中，发现人才流失是很多企业的一个致命的弱点。企业花了很大的气力，用了很多钱才培养出来的人才，由于没有升迁的机会和可能，或另有更好的发展诱惑，往往使他们不顾一切地跳槽。

蔡长汀的做法就是，用自己的钱使想跳槽的员工成了股东或企业主。每当他看见有才干的人要离开时，就说：“别走了，留在环隆，我给资金，你自己干，成功了企业归你，失败了算是我出的培训费。”结果，想走的也不走了，从而更激励出企业内部的活力。

正是对员工这种特殊的鼓舞方式，环隆企业发展得十分迅速。据有关资料显示，1990年，该企业集团年营业收入净额已高达近14亿元新台币。

二、一切从实际出发

大革命失败以后，中国革命所以能够坚持下来并走向复兴，关键在于找到了一条正确的革命道路。这条道路就是农村包围城市。走这条前人没有走过的道路，是毛泽东根据敌强我弱的实际局面而提出来的。

毛泽东通过实事求是的调查研究认识到，在城市，敌人统治力量强大，红军难以立足；而在广大的农村，敌人统治力量薄弱，有利于红军的生存与发展。等到红军发展壮大到一定程度，就可以以农村为中心，农村包围城市，取得革命的最后胜利。

■ 打得赢就打，打不赢就走

古希腊有句名言是：真正的智者是明白自己能够干什么，并且脚踏实地去做的人。红军就是在毛泽东“一切从实际出发”的指导思想指引下，从小变大、由弱变强的。

但是，正所谓“当局者迷，旁观者清”，要做到从实际出发其实并不容易。一个企业如何在激烈的竞争中，发挥出自己真正的能力，实现自己的奋斗目标，最关键的还是要从自身、市场、竞争对手等实际情况出发，制定相应的战略战术，才能像解放军那样一步步发展壮大起来。

在企业界，对毛泽东“一切从实际出发”思想运用的最为成功的，莫过于金山软件公司。而他们在市场竞争中的成长经历，与解放军在建国之前的整盘策略，有许多相似之处。金山能有今天的成就，得益于对毛泽东战略思想的全面借鉴，充分发扬了“一切从实际出发”的战略思想。

从1996年开始，在微软和盗版的夹击之下，金山只能像红军那样采用灵活多变的“游击战”策略。面对实力雄厚的微软和无孔不入的盗版，金山人知道只有变化快得让对手摸不到头脑，才能在狭小的市场空间中生存。

这种“游击战”犹如红军当年“打得赢就打，打不赢就走”，是最切合实际的选择，因为金山的实力有限。金山从最初的文字处理软件，到翻译类软件、游戏软件，再到媒体播放软件，然后到今天的杀毒软件，甚至还跳出软件领域，推出了卓越网站。

金山软件就这样“打一枪换一个地方”，结果就像红军那样，不但活了下来，而且几乎每年都在进步与发展。与红军集中优势兵力歼灭敌人一样，金山甚至在每一个进入的领域居然还“战无不胜”，这不能不说是一个奇迹。

1989年，WPS一炮走红，占有了中国市场90%以上的份额。WPS红到什么程度呢？让人感觉学电脑就是学WPS。凭着这一王牌产品，金山公司感觉自己就犹如有了“井冈山”这革命的根据地。然而，1995年，因为Windows的迅速蹿红，根据地遭到了office的疯狂围攻，基于DOS的WPS开始兵败如山倒。面对微软势如破竹的攻势，血气方刚的金山在1995年曾经倾尽全力进行了一次“大决战”，希望用“盘古”来战胜对手。不幸的是，犹如红军第五次反“围剿”失败一样，因为敌我力量悬殊，加上自己的战略决策失误，金山败得一塌糊涂。

这时候，金山才突然发现，自己根本无法从正面抵抗微软。雷军在1994年出任北京金山软件公司的总裁后，开始做一些别的产品，避开跟微软的正面竞争，先从产品线上扩大公司的经营规模，先活下来再试图反攻。于是，从1996年开始，金山踏上了艰苦“长征路”，不得不用低成本的“游击战”和低风险的“运动战”来保存实力。

一切从实际出发，大的不行就做小的。金山这时候的心态已经变得务实了，把目光瞄准了每一个有可能赚钱的领域。《金山词霸》是第一个目标，经过两年的精心准备，1999年10月，金山终于发动了“反扫荡”，把168元的软件用28元的价格横扫市场。

1999年之后的每一年，金山都会神出鬼没地打响一个主题战役。虽然取得的都是小“根据地”，但是金山的游击战和运动战维持了企业的品牌和自身的生存，并且建立了翻译软件、杀毒软件、网络零售三个大的“解放区”。如今，金山软件正在自己擅长的每一个领域展开决战，以期争取在自己的领域占有最大的市场份额。

金山软件最后能否像微软那样成功，虽然目前尚未定论，但它一切从实际出发的企业发展指导思想，的确值得许多实力还很弱小的企业去借鉴。

解放军打仗从来就是因地制宜、因人而异，“有什么枪打什么仗，对什么敌人打什么仗，在什么地方打什么仗”。这样才能最大限度地确保打胜仗。

■ 方法对了头，一步一层楼

面对不同的敌人，不同的战争环境需要不同的战略战术。唯有如此才能战胜敌人，取得胜利，这是解放军常胜的法宝之一。商场如战场，企业想要发展也需要根据不同的对象运用不同的策略。

1999年之前，华为在国际市场的角逐中基本上只见投标，不见中标。痛定思痛，华为的高层决定调整战略，不再盲目出击，而是采取集中优势兵力，各个击破的战术。先从电信发展较薄弱的国家下手，步步为营，最后攻占发达国家。

1997年，俄罗斯正陷入经济低谷，NEC、西门子、阿尔卡特等一些国际电信巨头知难而退，纷纷逃离莫斯科。华为抓住了这绝处逢生的良机，乘机入市。俄罗斯经济复苏后，华为终于如愿以偿地拿到了俄罗斯政府新一轮的采购计划。2001年，华为得到了俄罗斯上千万美元的GSM设备供应合同。到了2003年，华为在原独联体国家的销售额一举超过3亿美元，令业界国际巨头们羡慕不已。

华为不仅在经营上实事求是，在对员工的管理上也是一切从实际出发。根据员工的现实思想，实事求是地要求员工：从实实在在的小事做起，要关心他人，要尊敬父母，帮助弟妹，对亲人负责……在华为，你根本见不到文采飞扬的华丽篇章，他们的文章就是简单的一、二、三。最能体现华为这种现实精神的就是“大建议，只鼓励；小建议，大奖励”。因为大建议务虚，而华为对空洞的东西是坚决反对的。他们认为，员工对自己所在的流程提出合理化的改进建议，才是对公司最大的贡献，所以要大大地奖励。

在微波炉市场，格兰仕为什么能打垮Whirlpool和LG？在饮料市场上，为什么非常可乐能与可口可乐、百事可乐形成三分天下？在彩电市场，为什么本土品牌一步步将日本品牌的高端市场份额抢了过来？在手机市场，为什么本土品牌的市场占有率已经超过了外资品牌？

虽然国内企业在资金、技术、人力、业务关系、管理等诸多方面与国外著名企业有差距，但这不一定表明民族企业就不能打败外来企业。那些能与国际知名公司抗衡甚至战胜对手的企业，就是能够立足实际，利用自身对中国市场比较熟悉的优势，与国外企业打游击战，发展自己，最后再正面交锋。

因此，开始扬扬自得的跨国巨头们现在也正致力于品牌营销本土化，伊莱克斯就提出把“洋品牌做土”的口号，但做得最典型的还属可口可乐。这个世界上最知名的品牌在中国送起了春联，在中国播放的广告片也不是国际巨星，而是请来普通的中国百姓，包装上则是中国传统的十二生肖。

无论是大企业还是小企业，只要能够从实际出发，摆正自己的位置，根据对手、市场等实际情况，选择适合自己的道路以及相应的战略战术，就能像解放军一样，从生存都很困难的“土八路”发展为战无不胜的钢铁部队。

三、上下要通气

《中国人民解放军内务条令》第138条规定了如何开展连队的行政例会。

（一）班务会。每周召开一次，由班长主持，星期日晚饭后进行，一般不超过一小时，主要是检查小结一周的工作。

（二）排务会。每月召开一至二次，由排长主持，班长、副班长参加，研究本排工作。

（三）连务会。每月至少召开一次，由连首长主持，班长以上人员参加。连务会通常包括分析连队完成任务、军事训练、政治教育、行政管理和思想政治工作等方面的情况，进行总结、讲评，研究布置工作。

（四）连军人大会。每月或者一个工作阶段召开一次，由连首长主持，全体军人参加，主要是连首长或者军人委员会向军人大会报告工作，传达和布置任务，发扬民主，听取士兵对连队工作的批评和建议。

解放军连队的行政例会主要起着上下沟通的作用。上对下，就是对工作进行小结，传达相关精神和布置具体任务；下对上，就是发扬民主，士兵对连队工作发表批评或建议。上下沟通使得解放军的凝聚力和战斗力得到了极大的提高。

■ 没有沟通就没有成果

1948年1月，中央军委给粟裕发了一封急电，大概内容是，为打开中原僵局，确定由粟裕率叶飞、王必成、陶勇三个纵队，由宜昌、沙市一带渡江南下，深入敌后，进行大机动作战。中央军委希望粟裕率部南下能够吸引敌二三十个旅回防江南，减轻解放军在中原的压力。电文的末尾，毛泽东还特别加了“请你熟筹见复”六个字。

接到电报后，粟裕陷入了沉思。因为他身处前线，对敌情我情了如指掌。反复研究之后，粟裕感到中央的部署不太适合当前的战争实际。如果部队南下转战数省，减员不会少于1／2，剩下的部队就难以对敌人形成大的威胁。况且，三个纵队渡江以后，未必能吸引国民党军队的主力回防，反而会分散自己的兵力……

权衡得失之后，粟裕向中央军委建议，应当按照哪里好消灭敌人就在哪里打的原则。3个纵队暂不过江，协同中原野战军，先在黄淮之间集中兵力，打几个大歼灭战，尽可能多地把敌人的主力消灭在长江以北地区。

中央军委对粟裕的建议极为重视，毛泽东立即电示粟裕速来西柏坡当面汇报。在听取粟裕的汇报之后，中央军委最后决定：华东野战军三个纵队暂不渡江南进，集中兵力在黄淮地区大量歼敌。争取在4到8个月时间内，歼灭敌人五六个到十一二个正规旅。

毛泽东听从粟裕建议的这个例子，充分说明了“上下要通气”是解放军的一个优良传统。在解放军队伍里面，上级有什么战略计划，会开诚布公地告诉全体将士，让他们完全理解上级的意图；而下级对上级有什么意见、建议与批评，也有十分畅通的渠道向上级表达。上下通气就能让官兵一心、同仇敌忾，因此解放军能够保持高昂的士气和强盛的战斗力。

沟通能在很大程度上帮助企业家处理人际关系，完成工作任务，达成绩效目标。假如沟通不好，就使管理混乱、效率低下。而员工得不到有效的沟通，就不能得到完全的展示，就会丧失工作的积极性。沟通在企业管理中的重要意义，可以用“没有沟通就没有成果”这样的话来解释。

国内外的知名公司，都把沟通当做一件非常重要的事情。不论是人力资源部还是各部门经理甚至老总，他们都很乐于与下属沟通。他们在沟通的过程中听取下属的意见，了解执行情况，发现运营计划中的弱点。

微软的比尔·盖茨在公司，每次重大事件发生时都要用电子邮件与全体员工交流看法，并把总部召开的会议在网上直播。

在通用公司，最高首脑欢迎职工随时进入他的办公室反映情况，并对职工的来信来访进行妥善处理，公司还每年至少召开一次全员自由讨论会。

在美国100家最受欢迎的公司中，有一家英格拉姆计算机批发公司，其董事长有一个专用的24小时畅通的800免费电话，欢迎员工随时与他沟通。

美国CDW公司首席执行官每月要同25名员工共进午餐，每位员工会收到5个贴好邮票的信封，以鼓励员工提出意见。

■ 领导的工作就是沟通

与解放军连队例会类似的是著名企业家韦尔奇推行的“献计会”，这是韦尔奇执掌通用帅印以来，在如何调动基层员工工作积极性，采取的一项行之有效的措施。他定期组织低层员工代表开会，让公司领导能面对面地听取基层员工的意见、建议。

韦尔奇这样做的理由是：最接近工作的人最熟悉工作，同他们直接对话有助于避免官僚主义。“献计会”制度的实施不仅调动了员工的劳动积极性，而且也解决了生产经营中存在的老大难问题，降低了成本。

韦尔奇曾经说：“企业领导人的工作成效与能否同下属沟通具有成百上千倍的正效用。为此，我每天都在努力深入每个员工的内心，让他们感觉到我的存在。即使我出差在很远的地方，我也会花上16个小时与我的员工沟通。我80%的工作时间是与不同的人谈话。”

韦尔奇能说出1000名高级管理人员的名字和职务，熟悉公司3000名经理的表现。由此，可见他对沟通的重视与努力。

为什么沟通是一个企业家在企业管理中的基本工作呢？因为要协调全体员工的思想意志，沟通是必不可少的。具体来说，沟通有这么几个方面的作用：

准确传递信息

一个企业要想顺利地开展工作，首先必须上上下下、方方面面都要有着良好的沟通。假如员工不能领会经理的意图、生产部门不能正确获得研发部门的信息，那么，真不敢想像这个企业会乱成什么样子！

微软有一个“内部电子邮件系统”，员工，无论在什么地方、什么时间，都可以和在任何地方、包括比尔·盖茨在内的任何内部成员进行联系与交谈。微软的员工认为，这是一种最直接、最方便、最迅速、也最能体现尊重人性的工作沟通方式。

满足员工心理需要

沟通其实是人们一种很重要的心理需要。对于员工来说，沟通可以解除他们内心的紧张和怨恨，使他们感到精神舒畅，而且在互相沟通中使双方产生共鸣和同情，增进彼此的了解，改善相互之间的关系。

海尔认为，鼓励员工把话说出来，是最好的解决矛盾的办法，如果你连员工在想什么都不知道，解决问题就没有针对性。所以，海尔给每位员工都发了“合理化建议卡”，员工有什么想法，无论制度、管理、工作、生活等任何方面都可以提出来。对合理化的建议，海尔会立即采纳并实行，对提出人还有一定的物质和精神奖励。而对不适用的建议也给予积极回应，因为这会让员工知道自己的想法已经被考虑过，他们会有被尊重的感觉，更敢于说出自己的心里话。

使上下达成共识

企业家的知识、经验及观念往往是比员工更领先一步，所以员工对企业家的决策不一定完全理解。这个时候，就得反复、充分地沟通，来转变员工的抵触情绪，激励员工的工作热情，使员工积极主动地工作，从而增强企业内部的凝聚力，使管理工作更富成效，企业蓬勃发展。

柯达公司进入影印机市场后，成本居高不下，几乎没有利润，而且库存问题非常严重。1984年，查克担任影印产品事业部总经理后认为，要成为世界级的公司，就必须加强与员工的沟通。为此，他采取了五大措施：每周和直属部下开会；每月和每个部门员工代表直接沟通；每周与重要干部及最大的供应商开会；每月向员工提供直接与高层管理人沟通的机会；将简洁明快的图表张贴在员工餐厅、走廊的墙壁上，及时报告工作的进度与员工问题的回答。

6个月后，公司终于与1500名员工达成共识。公司状况开始出现转机，库存量减少了50%，部门生产力平均提高31倍。

增强企业创新能力

在有效的沟通中，人们积极讨论，相互启发，共同思考，大胆探索，往往能迸发出有神奇创意的思维火花。员工对本企业有深刻的理解，他们往往能最先发现企业的问题和症结所在。有效的沟通机制使企业各阶层能分享他们的想法，并考虑付诸实施的可能性。这是企业创新的重要来源之一。

微软公司有一个非常好的文化叫“开放式交流”，它要求所有员工在任何交流或沟通的场合里都能敞开心扉，完整地表达自己的观点。遇到意见不统一之时，一定要表达出来，否则公司可能错过良机。

当Internet刚开始时，很多微软的领导者不赞成花太多精力做这个“不挣钱”的技术。但是有几位技术人员，他们不断地提出他们的意见和建议，最终促成领导者改变公司经营方向，彻底支持Internet，终成正果。

四、唱着歌曲干革命

古代斯巴达人被围，向雅典人求教。雅典派遣一名瞎眼跛足的音乐教师前来接应，斯巴达人感到很困惑。到临敌对阵时，这名教师大声领唱军歌，斯巴达人随之诵唱，勇气百倍地增长，最终获胜。

梁启超曾拿这个例子说，中国人没有尚武的精神，原因是很多的，其中一个很重要的原因就是音乐被忽视。为此，梁启超大声呼吁：中国向无军歌，发扬蹈厉之气尤缺，此抑国运升沉所关也。

■ 军歌嘹亮

中国人民解放军能有着豪迈的气势、雄伟的军威，这与解放军有着一首形象鲜明，旋律流畅，音调坚实，节拍规整的《中国人民解放军进行曲》是分不开的。这首军歌集中表现了人民军队是一支威武之师，具有一往无前的战斗风格和摧枯拉朽的强大力量。

《中国人民解放军军歌》原名《八路军进行曲》，是《八路军大合唱》中的一首齐唱歌曲。抗战时期，在各根据地广泛流传，深受广大军民的欢迎。解放战争中，解放军根据当时的形势和任务，对歌词作了修改，更名为《中国人民解放军进行曲》。1988年7月25日，中央军委正式将《中国人民解放军进行曲》定为中国人民解放军军歌。

唱着军歌训练，唱着军歌战斗，唱着军歌工作是解放军一个历史悠久的光荣传统。在解放军的历史上，每个重要的历史时期，解放军都会唱着军歌去战斗、去革命，军歌对鼓舞部队士气、促进战斗力生成和部队全面建设产生过不可估量的作用。

可以这么说，军歌就是战斗力，解放军就是踏着军歌的铿锵节奏一路凯旋而来的。就是现在，将士们听一听到雄赳赳、气昂昂的解放军军歌，都会激情四射、斗志昂扬。而老百姓听了之后，则会更加坚信解放军是不可战胜的。

为什么军歌是战斗力呢？因为艺术能产生震撼人心的强大精神力量。“诗言志，歌咏言”。军歌节奏铿锵有力、音调高亢激昂，历来是鼓舞士气、激发战斗精神的“号角”。一首《三大纪律八项注意》造就了一支纪律严明的革命队伍，一首《义勇军进行曲》吹响了抗日救国的号角，一首《中国人民解放军军歌》让解放军这群世界上最优秀的军人打得一切敌人闻风丧胆、一溃千里。

■ 唱出来的激情

“唱着歌曲干革命”是解放军能带兵、能打仗的一个好方法，它表现在解放军的拉歌比赛中。无论是早操还是开饭前后，无论班务会还是连务会，就是看电影，也要引吭高歌。连与连、营与营之间就亮开了歌喉，相互拉歌。那热烈的气氛，让人热血沸腾。人数越多，拉歌的气势越大。要是遇上以团为单位拉歌的，那阵势真是气贯长虹，让人能分明感觉到天空和大地都在震颤。

拉歌虽然是一种竞争，但大家不会为此而伤了和气，不会造成两败俱伤的后果。解放军战士们就是在这种良性竞争中互不相让，营造热烈的团队氛围，越唱越高兴、越唱越过瘾。拉歌能够激励员工的集体荣誉感和归属感，所以，有远见的企业家就将解放军这个经验用在了对员工的企业精神培训上。

华为员工在入职培训时，就会经常唱《真心英雄》、《华为之歌》；对于销售人员，他们还有专门的激励歌曲。每一个华为人对培训中的“大合唱”都会刻骨铭心，有一名员工说：“合唱听起来很傻，可是在那样的氛围，我确实被感染并沉浸其中了。合唱结束听到掌声的时候似乎给人一种重生的感觉。我知道自己成为华为一分子了。”华为的团队精神就是在一次次的合唱中培育起来的。

在日本著名的旅游胜地琵琶湖畔，有一个美丽的花园式庭院，这就是松下商学院。它是为松下集团培养销售经理的一年制商业大学。自1970年创办以来，为松下公司培养了3000多名专业人才。商学院的一些教育方式就类似“唱着歌曲干革命”。

每天清晨5时30分，松下电器公司的旗帜冉冉升起。6时，象征进攻性的“咚咚”的鼓声把大家唤醒。6时10分，全员集合。点名之后，各个学员面向故乡，遥拜父母，心中默念：“孝，德之本也，身体发肤，受之父母，不敢毁伤，孝之始也。立身行道，扬名于后世，以显父母，孝之终也。”

接下来是做早操，然后列队跑步3公里。7时10分，早饭。每顿饭前，全体正襟危坐，双手合十，口诵“偈语”：一偈“此膳耗费多少劳力”；二偈“自己是否具有享用此膳之功德”；三偈“以清心寡欲为宗”；四偈“为走人之正享用此膳”。饭后，还要双手合十，诵念：愿此功德，广播天下，吾与众生，共成道业。8时40分，早会。全体师生集合，站成方队，朗诵松下公司的“纲领”、“信息”和

“精神”，齐唱松下公司之歌。

韩国的LG集团每期新员工培训，有一首歌是必须学会唱的，即“Globaltop3”。唱歌一般安排在晚上，培训的员工分为几个组，进行拉歌比赛，在热烈的氛围中每个员工都会忘我地投入到其中。

为了庆祝公司的18岁生日，更为了广泛而有效地调动大家的工作积极性，娃哈哈在2005年11月召开了第七届职工运动会。其中最引人注目的亮点就是娃哈哈的内部拉歌。

杭州联队和销售、外地联队分两组进行了高潮迭起的现场拉歌，《大海航行靠舵手》、《团结就是力量》、《咱们工人有力量》、《大刀进行曲》、《歌唱祖国》等革命歌曲使场内场外的观众都激情互动，融入了紧张、欢快的拉歌中。宗庆后也走到员工中，现场指挥大家合唱《团结就是力量》。全体员工唱得激情昂扬，甚至热泪盈眶。

■ 喊出来的精神

解放军不仅“唱着歌曲干革命”，还“喊着口号干革命”。口号是士兵生活中最常见的宣传形式，在一句句简单上口的口号里，有军人的目标、有军人的理想，有军人的准则。口号最生动地体现出军人大无畏的气势、高尚的集体荣誉感、严谨的作风和无往不胜的信心。

在解放军的军营里，墙上、报栏上写的是口号；出操、饭前喊口号；会议、谈心讲口号。这些深蕴着解放军军营文化的口号，与战士的生活联系在一起，使战士身在其中，极大地提高了部队的战斗力。

如何使企业文化深入人心？就是像解放军这样具有最有效、最为官兵喜闻乐见的简单的“口号”。

很多知名的国际企业把自己的企业精神概括为一句话，大力宣传，比如：飞利浦的“让我们做得更好”，联合利华的“让您的生活更具活力”，LG集团的“伟大的公司，伟大的员工，伟大的LG！LG！LG！”，海尔的“敬业报国、追求卓越”……

作为标志性话语的口号，通俗、顺口、好记，所以，大声喊出口号，能便于员工更好地理解企业精神和执行企业目标，这与解放军边喊着“解放全中国”边参加战斗有异曲同工之妙。

企业之间的竞争可以分为产品竞争、行销竞争、战略竞争和文化竞争这四个层次。产品竞争的成功是一种短期成功，行销竞争的成功是一种中期成功，战略竞争的成功是一种中长期成功，只有文化竞争的成功才是企业长期成功的根本保证。

唱歌曲、喊口号就是文化竞争的外在表现，能够让员工真真切切地感受、奉行企业文化。这对于凝聚团队力量、塑造企业形象都是必不可少的管理与带兵的手段。

五、失败也是财富

被称为“经营之神”的松下幸之助说过，“成功的企业善于总结”。他一再强调说：企业做到一定的规模就必须要总结。要看看究竟是做对了，还是做错了。对的就发扬；错的就改正。

■ 是教训，更是经验

1934年12月1日展开的湘江之战是红军长征途中最惨烈的一次战役。红军队伍由于前后相距约200里，辎重过多，行动十分缓慢。渡河点只架有三道浮桥，来不及渡江的红军拥挤在东岸，许多人泅水而渡，满江都是人头、战马和漂浮的锅碗瓢盆。国民党的飞机不断地在江面和两岸轰炸扫射，红军无处躲避，尸横两岸，血染湘江。

晚到一步的红五军团第三十四师、红三军团第六师第十八团则被阻于湘江东岸，处于重重包围之中，全体指战员浴血奋战直到弹尽粮绝。34师师长陈树湘重伤被俘，在担架上将自己流出的肠子咬断自杀。

至此战役之后，红一方面军从长征开始时的8.6万人锐减为3万余人，伤亡惨重。

虽然这是一次解放军历史上最惨重的失败，但正是因为这一个大败仗，孕育了伟大的遵义会议。在不仅之后的遵义会议上，中央军委对五次反“围剿”以来的军事战略进行了深刻的检讨和总结，不仅让以李德为首的教条主义军事路线彻底宣告破产，还选择了以毛泽东思想为代表的符合中国革命实际的军事战略方针，确立了红军正确的组织路线和军事路线。

虽然打了败仗，但因为在关键时刻能够及时总结教训，所以红军知道了失败的原因，避免了今后再犯类似的错误。没有湘江之败，就没有挽救了红军、挽救了中国革命的遵义会议。从这个意义上来讲，湘江之役，红军是“大胜显败”——此后，红军打了四渡赤水、飞夺泸定桥等一连串的胜仗，从此才真正开始一步步地走向胜利与强大。

企业也是一样。企业经营中不可能总是增长、市场盈利，也会遇到市场低谷甚至失败。失败很正常，失败也不可怕，可怕的是失败之后仍然不知道失败的原因。失败是成功之母。如果我们对每次失败或挫折都加以认真研究，找到原因、汲取教训，就会为下一步的成功奠定基础。

伊莱克斯是全球最大的白色家电生产商，在100多个国家建立了业务，全球员工19000多人。目前，伊莱克斯已占中国家电13%的市场份额。但是，轻视本土化曾经让伊莱克斯在中国市场连摔跟头。

早在1987年，伊莱克斯就在中国合资建厂，使用的是其在全世界普遍采用的老办法：只出钱占股份，不参与管理和营销。然而，这个办法在中国却失效了：合资企业连年亏损。1996年，伊莱克斯采用直接出资但不参与管理的方式与长沙中意冰箱牵手，第一年合资公司生产冰箱不到3万台，全年销售不足1万台，每天的亏损达30万元。到了1997年，伊莱克斯中国业务竟然亏损2亿元。而且，进入中国10年有余的伊莱克斯在消费者心目中仍十分模糊。

因此，伊莱克斯甚至一度有退出中国市场的想法。经过痛苦的反思、认真的总结，伊莱克斯终于找到了自己的毛病，那就是“水土不服”。

为了让自己彻底地“入乡随俗”，伊莱克斯聘请了原百事可乐食品中国公司总裁刘小明出任伊莱克斯中国区总裁，而且瑞典总部干脆采取了近乎“放手不管”的做法。刘小明上任后，就采取了高额的终端返利、控制成本和低价策略等“土”方法，6年内将伊莱克斯的市场规模扩大到了30亿元人民币，成了伊莱克斯的大功臣。

失败并不可怕，能够通过失败汲取教训而后成功的企业，无疑是一个成熟的企业。看看那些国际上著名的“百年老店”，谁没有失败的经历或者危机四伏的时候，但他们与一般企业的区别在于：能够从一次次失败中汲取教训，走出困境，再次崛起。

毫无疑问，失败是一笔特殊的“财富”。虽然时间不能倒转，历史有时却可能重演。失败和胜利同样是企业要研究的“富矿”。失败并不可怕，可怕的是失败后还重蹈覆辙。因此，企业应该加强对失败的研究。

■ 靠总结经验吃饭

过去强调的是“失败乃成功之母”，现在人们更多地认识到“成功是成功之父”。因为成功会让一个人找到成功的方法，能给一个人带来信心，就会使人容易不断成功。这就好比赚到了第一个一百万，赚取第二个一百万就容易多了。所以，有了教训要汲取，有了经验更要总结。

毛泽东与他的湖南老乡曾国藩是中国历史上两个最会用兵的文人。一个书生如何成为一个统领千员战将、指挥百万雄师的统帅的呢？那就是在打仗中学习、在战争中研究战争。“我是靠总结经验吃饭的”，这就是毛泽东的经验之谈。

比如在井冈山的军事斗争实践中，毛泽东、朱德就总结出了“敌进我退，敌驻我扰，敌疲我打，敌退我追”的十六字口诀，以此作为红军打破国民党“围剿”与红军游击战争的基本原则。使得红军以及后来的八路军、新四军能够在游击战、运动战中有效地保护自己、消灭敌人。

海尔20年来的成功不仅仅是在成就上，还在思想上。人们普遍认为：海尔成功是因为有了张瑞敏，因为张瑞敏不仅仅是一位成功的企业家，更是一位企业的思想家。

张瑞敏的独到之处在于，每逢关键时刻都能提出指导思想，做出决策。而更可贵之处在于每次决策过程中，他都有个做“两次决策”的习惯，即在做决策时，都要考虑到这个决策的后果和影响，进而做出决策后的二次决策。

这个习惯体现在管理之中，就是总结经验——这也是张瑞敏的一个爱好。他经常把经验上升到理念高度，而后又通过他的讲话等种种宣传渠道，贯彻到海尔全体干部和员工中去，使得海尔从一个成功不断迈向另一个成功。

邓小平说，“过去的成功经验是我们的财富，过去的错误也是我们的财富”。作为一个企业家，不仅自己要善于总结经验教训，也要让员工在工作中及时总结经验教训，该改进的改进，该保持的保持，该发扬的发扬。这才是积极、主动的工作态度，才能保证圆满地完成企业的奋斗目标。员工不断地总结思考、勇于探索，于员工自己，于企业团队，都会有丰厚的收获。

六、革命是实干加巧干

成功企业家成功的秘诀就是用大脑想问题，用智慧去工作。他们在脚踏实地的基础上注入创新精神，所以使得企业迅速打开了工作局面，取得了意想不到的成绩，同时还激发起了团队的士气。所以，实干加巧干是一种事半功倍的工作方法与领导方法。

■ 革命不是蛮干

公元1015年，一把大火将北宋皇宫烧成灰烬，宋真宗急令宰相丁谓负责重新修建皇宫。

丁谓面临的三大难题是：首先是盖皇宫要很多泥土，可是京城中空地很少，取土要到郊外去挖，得花很多的劳力；其次是大批的建筑材料，是从外地经汴河运来，但汴河离皇宫很远，搬运麻烦；最后是清理废墟后，很多碎砖破瓦等垃圾运出京城同样很费事。

丁谓经过周密思考，找到了一个最佳方案：首先，从施工现场向外挖了若干条大深沟，把挖出来的土作为施工需要的新土备用，于是就解决了新土问题。第二步，从城外把汴水引入所挖的大沟中，于是就可以利用木排及船只运送木材石料，解决了木材石料的运输问题。最后，等到材料运输任务完成之后，再把沟中的水排掉，把工地上的垃圾填入沟内，使沟重新变为平地。

简单归纳起来，就是这样一个过程：挖沟（取土）——引水入沟（水道运输）——填沟（处理垃圾）。

这个施工方案统筹兼顾，巧妙安排好财力、物力、人力和时间，不仅节约了许多时间和经费，而且使工地秩序井然，城内的交通和生活秩序不会受到施工太大的影响，确实是个巧妙的施工方案，丁谓本人也因此而名垂青史。

现代人常说“做事要讲方法”，这与解放军所说的“革命不是蛮干”如出一辙。解放军总司令朱德在《目前形势和军队建设问题》中说：“看什么天候打什么仗，在什么地形条件下打什么仗，对什么敌人打什么仗等等，也都是重要的战术原则，都要很好研究。”

粟裕大将留在南方打游击的时候，最困难的是如何安置伤员。放在群众家里怕连累老百姓，山洞又是敌人搜查的重点。怎么办呢？粟裕只好向死人“借房子”。他带领大家把尸骨从棺材里搬出来，再垫上干草，把伤员放进去休养，很多伤员就是这样得到康复又迅速参加战斗的。

革命既要靠实干，更要靠巧干，这样才能多快好省地干革命。实干不等于没有目标的蛮干，巧干也不是凭空想像的胡干。游击队利用青纱帐作掩护，挖地道、埋地雷，这是巧干；与鬼子拼刺刀时，直接开枪击毙鬼子，也是巧干；志愿军依靠手榴弹和炸药包对付坦克，还是巧干。

巧干就是“发挥人的主观能动性，战胜一切困难”，就是开动脑筋、不拘一格、法无定法地寻找解决问题的办法的思维方式。比如斧头砍树既慢又累，这是蛮干；锯子伐树则省时省力，这就是巧干。

革命不能蛮干，解放军面对不同的敌人、不同的战争环境，创造出了很多巧妙的战略战术。解放军在红军时期，开始是以根据地为依托，开展游击战；抗战期间除了地道战、地雷战、麻雀战这些游击战术之外，还有闪电战（突袭敌人薄弱的据点）；解放战争时期则是大兵团的运动战，集中优势兵力消灭敌人的有生力量，所以越打我们的人越多，敌人越少；到了抗美援朝的时候，志愿军充分利用地形、利用夜晚，大打阵地战，美军的空中优势虽然大，对志愿军却无可奈何。

干革命需要巧干，做企业同样需要巧干。不成功的企业通常有一个毛病，那就是蛮干。一般见到眼前有利益就心动了，不做周密的调查、计划，立刻上马开工。比如，当年国内生产彩色显像管的流水线只有4条，一些企业见有利可图，纷纷上马引进，转眼间中国就有了100多条生产线，造成了生产过剩，白白浪费了许多资源。

联想老帅柳传志的经典名言就是："撒上一层新土，夯实，再撒上一层新土。当确认脚下是坚实的黄土地之后，撒腿就跑。"柳传志还说："没钱赚的事不能干；有钱赚但是投不起钱的事不能干；有钱赚也投得起钱但是没有可靠的人去做，这样的事也不能干。"

正是因为柳传志知道革命不能胡干蛮干，所以保证了联想在20世纪90年代初的房地产泡沫经济运行过程中没有跟风，并因此抓住了其他竞争对手实力下滑的时机一跃而出，从此一路领先。

作为解放军的最高指挥者毛泽东，是最知道如何巧妙干革命的。他对经常用那种"鲁莽家"的口气说："老子打起仗来，没有那么多道理，就是一冲的认识。"批评说："你的一'冲'是对的，但是，你只有一'冲'就不对了，要再加一'冲'，变成两'冲'。勇敢是一'冲'，智谋又是一'冲'。有勇无谋只是一'冲'，智勇双全才是两'冲'。"毛泽东还说："战无常法，要善于根据敌我情况，在消灭敌人、保存自己的原则下，抛掉旧的一套，来个战术思想的大转变……打得赢就打，打不赢就走。赚钱就来，蚀本不干，这就是我们的战术原则。"

■ 战略上藐视，战术上重视

“战略上藐视，战术上重视”，是对解放军军事指挥最权威的总结。解放军打仗一向是勇敢的、无所畏惧的，但他们的勇敢不是无知，不是要蛮，而是充满着战斗智慧的勇敢。这就是解放军能够由小变大、由弱转强，能够凭着小米加步枪一口一口吃掉比自己不知道强大多少倍敌人的原因。

凡是与解放军交过手的军队，都不得不承认解放军具有高超的智慧。无论是将领多变的指挥，还是战士们灵活的战术，都让对方吃尽了苦头。

商场如战场，管理是带兵。一个企业想要在激烈的竞争中生存发展，企业的领导者就得想方设法在“巧”字上做文章。

海尔的市场调研人员在四川调研时，不断接到农民的投诉，说是洗衣机的质量不好，排水管经常排不出水。他们感到很吃惊。经过调查才发现，原来许多农民都有用洗衣机洗土豆和地瓜的习惯，让泥巴堵住了排水管。总部得知这一情况后，就“异想天开”地设计出了既能洗衣服又能洗土豆的洗衣机，深受当地用户的喜爱。当然，海尔也从中获得了效益的提升与知名度的扩大。

张瑞敏曾说“世界上长盛不衰的百年企业，不变的是其创新的精神”。为了使得巧干在海尔形成一种气候，提高员工的巧干的理念与能力，让每个员工多谋创新之策、多出创新之招、多做创新之事，海尔给每个员工都发了“合理化建议卡”。员工对管理、技术、工作等任何方面有好的建议，都可以提出来。而对于合理化的建议，海尔会立即采纳并实行，对提出者还有一定的物质和精神奖励。

20年间，家电市场竞争日趋激烈，而海尔却始终保持了高速稳定发展的势头，奥秘只有两个字：巧干！

“推磨子不如打碾子，干活儿不如想点子”。实干不是傻干、蛮干，巧干也不是乱干、胡干，否则要么事倍功半，要么一事无成。做企业就得“狼狈为奸”——既有要狼的勇敢、团队精神，还得有狈的鬼点子、好主意。

七、团结就是力量

“将相和”这个古老的的故事想必很多人都知道。廉颇为什么要向蔺相如负荆请罪呢？因为在蔺相如的品行感召下，他深感自己的傲慢与轻视不仅是对蔺相如的不尊重，更不利于赵国安定。假如一国之内两位文武重臣不和，就会给虎视眈眈的秦国造成可乘之机，赵国有可能会被秦国灭亡。团结就是力量，早在远古时期的人们都已经明白这个道理了。

■ 团队是每个人的团队

解放军之所以是一支优秀的队伍，具有不可战胜的战斗力，那就是因为解放军将“团结就是力量”这个道理演绎得非常完美。

解放军的优秀不仅是因为有无数优秀的个人身在其中，更在于它把这些优秀的人都组织起来，让他们在一个团体中发挥各自最大的力量，这就是因团结而产生的无比强大的力量。在长征的艰苦岁月里，红军面临着许多的困苦，但他们没有放弃，坚持始终，如果没有与自己的团队共命运的意志，就不可能走到最后而获得成功。

团队是每个人的团队，如果把企业比喻为一只船，那么它只能向一个方向前进，那就是目标的方向。既然登上了企业这条船，企业家与员工都是船上的一员，都要与这艘船同舟共济、肝胆相照、生死与共。

在华为，员工上岗培训的第一项就是军训。其主要目的是增强新员工的纪律性和集体主义意识，努力打造出一支优秀的团队。

华为老总任正非在《致新员工书》中写道："华为的企业文化是建立在国家优良传统文化基础上的企业文化。这个企业文化黏合全体员工团结合作，走群体奋斗的道路。有了这个平台，你的聪明才智方能很好发挥，并有所成就。没有责任心，不善于合作，不能群体奋斗的人，等于丧失了在华为进步的机会。"华为非常厌恶的是个人英雄主义，主张的是团队作战。

"胜则举杯相庆，败则拼死相救"。任正非和华为对集体主义推崇备至。要保证企业的战略部署得到执行，就必须要把集体主义放到最重要的位置上。企业要发展，离不开员工的个人努力，而集体主义则是个人努力的方向指引。因此，要想把自己的团队建设成为像解放军一样优秀的团队，就需要向解放军学习，提倡集体主义精神。

韩国三星集团的企业文化中有着浓重的韩国式集体主义精神。上下级之间甚至强调一种家长式的权威。这种集体主义精神，甚至可以从工作之外的饭桌管窥一二，比如，他们有一种叫喝"忠心酒"的游戏：下属为了表示对上级的忠心，甚至把袜子、皮鞋等放入酒缸中，然后当着上级的面，喝这种“忠心酒”。

■ 集体主义思想放光芒

1955年1月18日的解放一江山岛战役，参战部队有陆海空3个军种、17个兵种、4个营的兵力、28个战术群。因为陆军与海军之间，海军与空军之间，陆军与空军之间，步兵与炮兵之间协调一致，在天还没黑的时候，就全歼守敌，解放了一江山岛。

一江山岛战役是解放军历史上第一次三军联合作战，但各军种配合默契、全力协作，迫使国民党军退出了浙江沿海诸岛。此战标志着解放军现代化作战样式开始发展和战斗力开始提升，更证明了解放军是一个紧密团结、善于合作的坚强团队。

团结能够使员工具有高度的爱企业、爱集体的觉悟，形成强大的合力。当企业发展顺利时，全体员工会感到光荣和自豪，自觉地为企业努力工作，增光添彩；当企业遇到困难时，全体员工会更加勤奋工作，为企业排忧解难，甚至为了集体的利益而牺牲个人利益。

团结可以使企业成为一个有机整体，使得企业上上下下、方方面面形成互相帮助、和睦相处的亲密关系，产生强大的凝聚力与战斗力。很多的企业案例都证明，凡是团结的企业，人心齐，效益就会提高，反之，则人心涣散，企业不景气甚至破产倒闭。

一个团队的伟大并不是由于某个成员的伟大，而是他们作为一个集体的伟大。正如海尔的张瑞敏说过：就单个员工而言，海尔员工并不比其他企业优秀，但能力互补、具有良好团队合作精神的“海尔团队”的确是无坚不摧的。

有过从军经历的张瑞敏、任正非都非常崇尚团队精神，并打造出了自己的优秀团队，使得企业在强手如林的市场上始终保持了旺盛的竞争力。

其实，国内很多的成功企业家，比如联想的柳传志、华润的宁高宁、万科的王石、华远的任志强、广厦的孙广信、科龙的潘宁、杉杉的郑永刚等，他们都有过从军的经历。在他们离开军营以后，军队教给他们的团队精神被他们运用到企业管理之中。无论海尔、联想还是华为、万科，这些企业的员工都有着强烈的团队意识，所以其团队也是一个解放军式的战斗力超强的团队。

在现代社会，团队的力量远远大于一个个单独的优秀人才的力量。在当今世界，任何具有重大意义的科学研究、理论探索、技术工程等等，都不可能再凭借个人单枪匹马的奋斗就能完成。1961年，美国实施的长达10年的“阿波罗登月计划”有将近42万人参加，涉及2万余家公司、120所大学。

团队精神的体现就是在具体工作中的密切协作。在一个团体中，如果成员们彼此齐心协力，分工协作，就容易实现团队的目标；倘若互不合作，即使做好了本职工作，也会因为各自为政使得整个团队如同一盘散沙，团队就很可能因为协调不够而失败。要知道，在失败的团队中，所有成员都是失败者。比如国民党军队里面那些多如牛毛的将军。

拳头之所以要比手指更能伤人，因为拳头是由五个手指攥紧而成的；一只脚站立很容易跌倒，所以我们有两只脚；一种药物的治病效果有限，所以我们几种药物并用。解放军为什么能够百战不殆，就是具有团结协作的集体主义精神。

一滴水是微不足道的，整个大海却是无限的。一个人的力量是有限的，集体的力量却是巨大的。团结就是力量，企业家只有让整个员工队伍紧密团结起来，才会产生巨大的力量和智慧，去克服一切困难。

八、胜利才是硬道理

毛泽东曾经说：“我们要下定决心，不怕牺牲，排除万难，去争取胜利。”解放军将士就是在这种“胜利思想”的指导下，为了胜利而打仗，而不是为了打仗而打仗。因为一个团队要想生存，必须胜利；要想发展，必须胜利；要想赢得尊重，还是必须要胜利！

■ 胜者才有机会

中国人民解放军之所以是世界上最伟大的军队，是一支不可战胜的威武之师，是一个创造了无数人间奇迹的伟大团队，就是因为他们藐视一切困难、克服一切困难取得了无数胜利，并从一个胜利走向另一个胜利。自诞生之日起，他们先后赶跑了日本侵略军、打败了国民党军队，建立了新中国。

新中国成立后，美国乘着先后打败德国、日本两个超级强敌的余威，带领联合国部队在朝鲜与解放军（志愿军）展开了强者之间的较量。最后，武装到牙齿的美国军队居然败在装备简陋的解放军手下，一个从未打过败仗的军队第一次在没有打胜的协议上签字。这是世界上任何一支军队做梦也不敢想的事情，但伟大的解放军做到了。

在第二次世界大战中指挥过很多次极为漂亮的战役、解放了亚洲许多国家、有着“远东王”之称的美国远东军司令麦克阿瑟将军对此留下了一句话，他说：“谁想跟中国陆军打仗，一定有病！”英雄所见略同，在20世纪60年代，英军元帅蒙哥马利参观了解放军的演习后，便说出了著名的世界军事三定律，其中之一便是：不要在地面上同中国陆军交手。

中国人民解放军从诞生之日起，由于装备落后、指战员文化素质低，经常被对手讥讽为“泥腿子”、“土八路”，但他们不气馁、不争辩，只用实力说话，战胜了所有敢于与他们较量的对手。赢得了人民的拥护，赢得了对手的敬佩，赢得了全世界的尊重。

现实中的国际社会的规则中最大的真理就是，一个国家没有强大的军力，那么它在这个世界上是没有多少发言权的。我们国家能有如此安定的外交环境，我们每个人能有今天这样的美好生活，是与我们身后有着解放军这么一支伟大的军队而分不开的。

解放军这支能够战胜一切对手的伟大军队，用自身骄人的战绩告诉了我们一条真理——胜利才是硬道理。

第二次世界大战时期，德国法西斯发动侵略战争，欧洲大陆的许多国家都屈服于纳粹军队的铁蹄之下。英国的丘吉尔首相临危受命，组成战时内阁。他在就职演讲时说：“你会问，什么是我们的目的？一言以蔽之：胜利。不惜一切代价，不畏任何恐怖，去争取胜利。尽管前途漫长险恶，也要夺取胜利。因为没有胜利，就没有一切。”

无论是战争还是竞争，往往是一场争夺。无论争夺的是什么，都必须在取得胜利之后才能得到，失败者是没有资格的，甚至还要被剥削得更多。只有胜利，才能赢得生存与发展的环境；一个团队只有不断去赢得胜利，才能赢得信心与尊严。

■ 品牌的价值

只有胜利才是硬道理。这不仅是解放军的智慧，也是所有现代企业和企业家应该具有的智慧。韦尔奇就具有这种智慧，他说："尽管我们每一位首席执行官都有不同的风格、不同的方法和不同的手段，但大家的目标是一致的，就是要胜利，所以最好的事情就是胜利！"

一位汾酒销售经理深有感慨地说："20年前，汾酒的价格只比五粮液低2角钱。现在呢，平均差了200多元。汾酒与五粮液同为中国四大名酒，但价格却如此悬殊，差在哪里？我认为就差在品牌形象。"

所谓"品牌形象"就是胜利带来的结果。五粮液从1994年开始，品牌价值一路直线上升：31.56亿元、35.85亿元、41.81亿元、60.62亿元、86亿元、120.56亿元、201.2亿元、269亿元，一直到2005年的338.03亿元，超过行业第二名百亿元之多。

中国白酒的传统名牌众多，自1990年以来，又有成百上千的后起品牌加入了竞争之中，再加之国家政策对白酒行业发展的限制，因此，白酒行业是营销环境最为混乱、竞争手段最为复杂的行业之一。

1996年，全国白酒年产量曾达到800万吨，而目前只有400万吨左右。2002年以来，全国白酒行业从业人员缩编，销售收入、工业产值徘徊不前，利润总额更是下滑了13.45%，亏损企业超过50%。

就是在这样一种激烈加恶劣的行业环境中，在其他白酒降价还卖不出去的情况下，五粮液3次提价仍然供不应求，连续10年稳居酒类企业规模效益之冠。而且，五粮液的每一个市场动作，都对行业内产生了震动与深远的影响。这就是胜利的力量！

在2005中国最有价值品牌中，海尔价值是702亿元、联想价值是470亿元、红塔山价值是469亿元、TCL价值是336.66亿元……所谓品牌价值，就是一个名字就值这么多钱，为什么？这也是胜利的力量！本书为什么多次引用了海尔、联想、华为等企业的事例，还是胜利的力量！

■ 成功企业与失败企业的差别

成功的企业与失败的企业最大的不同，就是他们无法忍受失败，哪怕只有一次。成功的企业永远把赢得胜利看成是最重要的目标，他们从来不找任何借口，为了胜利而全力以赴去拼搏。在竞争激烈的丛林社会，只有能取得胜利的强者才能生存。

红军最初被对手诬蔑为“泥腿子”，但一而再、再而三的胜利使得他们成为了世界上最伟大、最强悍的军队。一个企业也是一样，假如能够十几年甚至几十年不断地取得胜利，哪怕最初只是一个破破烂烂的小作坊，最后也会成为国际名牌企业，比如海尔。而名牌企业又能在今后的竞争中，至少有着这些先天性的优势：

（一）营销更容易：这表现在卖得贵、卖得多、卖得快、卖得久四个方面。但一般的品牌往往不能占全这四点，比如宾利汽车占的是贵，可口可乐占的是多、快、久。像五粮液这种把四点都占全了的企业，即便放眼全球，也是罕见的。

（二）增加了无形资产：1994年冬，奥康集团董事长王振滔与合作股东“分家”时，双方将“奥康”商标作价45.1万元。到了2004年，“奥康”品牌价值16.98亿元。从45.1万元到16.98亿元，十年时间，“奥康”平均每天增值50多万元。

（三）一路绿灯：品牌企业总是能更多地获得政府支持、银行贷款等，这些都是非品牌企业梦寐以求的。像海尔这样的著名企业收购破产企业时，往往是一分钱不给，也不给运作资金，只派出管理干部、技术干部，就那么两三个人。但对方厂家及政府还对收购方充满了感激，并给予不少优惠政策。

（四）物资供应渠道稳定：1998年特大洪水，粮食成了稀罕物。有的酒厂拿钱买不到粮食，而茅台、五粮液却粮满为患，因为供货方不敢得罪这些大户。

（五）聚集人才：人才总是希望能在有名气的大公司工作，一来有成就感，二来能学到更多东西，三是在大公司工作的经历也是一笔财富。

有了优秀的人才源源不断地加盟，整个企业团队的战斗力必将上升几个档次；有了强有力的战斗力，肯定更容易取得下一个胜利。如此形成良性循环，就能像微软那样，一直循环到世界第一。

不论军队打仗还是企业经营，目标都是为了取得最后的胜利。没有胜利，就没有一切，这是团队取得生存权和发展权的最根本手段，也是唯一的手段。不能取得胜利的军队只有灭亡，不能取得胜利的企业只有破产！